11월의 모든 역사

세계사

11月

11월의 모든 역사

● 이종하 지음

디오네

매일매일 일어난 사건이 역사가 된다

역사란 무엇일까. 우리는 왜 역사에 관심을 갖는 것일까.

이 책을 쓰는 내내 머릿속을 맴돌던 질문이다.

아널드 토인비는 역사를 도전과 응전의 개념으로 설명한 바 있다. 그것은 인류사 전체를 아우르는 커다란 카테고리를 설명하기에는 더없이 좋은 개념이다. 그러나 미시적인 문제로 들어가면 이야기가 달라진다. 나일 강의 범람 때문에 이집트에서 태양력과 기하학, 건축술, 천문학이 발달하였다는 것은 도전과 응전으로 설명이 가능하지만, 예술사에서 보이는 사조의 뒤섞임과 되돌림은 그런 논리만으로는 설명이 안 된다.

사실 역사란 무엇인가에 대한 관심은 대학 시절 야학 교사로 역사 과목을 담당하면서 싹텄다. 교과서에 나와 있는 대로 강의를 하는 것은 죽은 교육 같았다. 살아 있는 역사를 강의해야 한다는 생각에 늘 고민이 깊었다. 야학이 문을 닫은 후에 뿌리역사문화연구회를 만든 것도 그런 고민을 해결하지 못했기 때문이다.

약 10년간 뿌리역사문화연구회를 이끌면서 '어린이와 청소년을 위한 교실 밖 역사 여행' '어린이 역사 탐험대'를 만들어 현장에서 어린이와 청소년을 만났다. 책으로 배우는 역사와 유적지의 냄새를 맡으며 배우는 역사는 느낌이 전혀 달랐다. 불이학교 등의 대안학교에서 한국사 강의를 맡았을 때도 그런 느낌은 피부로 와 닿았다.

그렇다고 역사를 현장에서만 접해야 한다는 것은 아니다. 역사 자체는 어차피 관념 속에 있는 것이며, 그것이 우리에게 구체적으로 구현되는 것은 기록을 통해서이기 때문이다. 역사는 과거이며, 그 과거는 기록으로 존재한다. 그러나 현재에 펼쳐진 과거의 기록은 현재를 해석하는 도구이고, 결국 미래를 향한다.

이 책은 매일매일 일어난 사건이 역사가 된다는 사실에 기초하여, 1월 1일부터 12월 31일까지 일어난 중요한 사건들을 날짜별로 기록한 것이다. 사건의 중요도에 따라 집필 분량을 달리하였으며, 『1월의 모든 역사 – 한국사』『1월의 모든 역사 – 세계사』처럼 매월 한국사와 세계사로 구분하였다. 1월부터 12월까지 총 24권에 걸쳐 국내외에서 일어난 중요한 역사적 사실들을 흥미진진하게 담았다.

이 책에 나와 있는 날짜는 태양력을 기준으로 하였다. 음력으로 기록된 사건이나 고대의 기록은 모두 현재 사용하는 태양력을 기준으로 환산하여 기술하였다. 고대나 중세의 사건 가운데에는 날짜가 불명확한 것도 존재한다. 그것들은 학계의 정설과 다수설에 따라 기술했음을 밝힌다.

수년에 걸친 작업이었지만 막상 책으로 엮으니 어설픈 부분이 적지 않게 눈에 들어온다. 앞으로 그것들은 차차 보완을 거쳐 이 시리즈만으로도 인류 역사의 대부분을 일견할 수 있도록 만들고 싶다.

이 책을 쓰다 보니 매일매일을 성실하게 노력하며 살아야겠다는 생각이 든다. 매일매일의 사건이 결국 역사가 되기 때문이다.

이종하

11月

차례

11月

11월 16일 • 123

에스파냐의 프란시스코 피사로, 잉카제국을 침략하다 | 독일 나치, 폴란드 바르샤바에 유대인 거주 지역인 게토 설치 | 미국 클린턴 대통령, 25년 만에 베트남 방문 | 미국의 필라델피아 오케스트라, 제1회 콘서트 개막

11월 17일 • 131

영국 장군 버나드 몽고메리가 태어나다 | 이집트 수에즈 운하 개통 | 미국의 여자 테니스 선수 나브라틸로바 은퇴 발표 | 국제 인터넷 주소 관리 기구, 최상위 도메인 7개 추가

11월 18일 • 139

가이아나 밀림의 사이비 종교 단체 신도 914명이 집단자살하다 | 프랑스의 작가 마르셀 프루스트가 사망하다 | 미국의 통계학자 조지 갤럽 출생 | 스페인에서 1300만 년 전 유인원 화석이 발굴되었다고 발표

11월 19일 • 149

미국 대통령 링컨, 전몰장병을 위해 게티즈버그에서 연설하다 | 중국, 무인 우주선 선저우 1호 발사 | 크바스니에프스키, 폴란드 대통령에 당선

11월 20일 • 155

뉘른베르크 전범 재판이 열리다 | 독일의 물리학자 오토 폰 게리케가 태어나다 | 마케도니아, 유고슬라비아로부터 독립 | 스페인의 독재자 프랑코 사망 | 국제연합, 「세계 어린이 인권 선언」 채택 | 브라질의 축구선수 펠레, 909번째 경기에서 통산 1,000골 달성

11월 1일

1954년 11월 1일

알제리 독립 전쟁이 일어나다

"민족은 문화의 조건일 뿐만 아니라 문화가 풍요해지고 끊임없이 새로워지며 깊어지는 조건이다. 민족이 역사에서 자기의 역할을 다 하도록 이끄는 것이 민족 해방이다. 국제적 의식은 민족의식 가운데에서 발생하고 성장한다."

-프란츠 파농, 알제리 독립 운동의 지도자

아프리카 북부 지중해 연안에 위치한 알제리는 오스만 제국의 지배를 받다가 19세기부터 프랑스의 식민지가 되었다. 이에 알제리에서는 독립을 위한 투쟁이 끊이지 않고 일어났다. 특히 1945년 독일을 물리친 기념행사에서 프랑스 국기 대신에 알제리 민족 운동을 상징하는 깃발을 내걸어 프랑스의 가혹한 탄압을 받기도 하였다.

알제리의 독립 운동은 1954년 11월 1일 무장봉기로 이어졌고, 11월 4일 알제리 민족해방전선FLN이 결성되면서 본격적인 알제리 독립 전쟁이 시작되었다.

당시 알제리에서는 프랑스인을 포함해 유럽에서 건너와 정치 · 경제를 장악하고 있던 사람들을 콜롱Colon이라고 불렀다. 알제리 전체 인구의 10%를 넘는 콜롱은 알제리의 비옥한 토지를 소유하였고 소득 수준은 알제리인의 10배 정도였다.

무장봉기가 실패하자 FLN은 1956년부터 게릴라 작전을 통해 도시 곳곳을 폭파하면서 콜롱들을 압박했다. 하지만 콜롱의 무자비한 진압으로 1957년 8만여 명이 체포되어 3만 명이 감금되고 5,000명이 살해되었다.

알제리인들은 공식적으로는 프랑스인으로 인정되었기 때문에 다른 프랑스인들처럼 국방의 의무를 다해야 했다. 프랑스는 이들을 징집하여 병력을 증가시켰다. 1956년에는 40만 명으로, 1958년에는 정규군과 치안부대를 합해 80만 명이나 되었다. 이 때문에 눈덩이처럼 커진 군사비를 감당하지 못해 프랑스 재정에 심각한 위기가 왔다. 그러나 광물 자원과 석유 자원이 풍부한 알제리를 프랑스로서는 쉽사리 포기할 수 없었다.

하지만 1958년 이집트 카이로에서 열린 아시아 · 아프리카 민족 회의를 통해 알제리 독립을 지지하는 목소리가 터져 나오면서 프랑스는 고민에 빠졌다.

결국 프랑스는 1962년 3월 알제리의 독립을 보장하는 에비앙 협정을 체결하였고, 그해 7월 3일에 알제리의 독립을 승인하였다. 이로써 8년간의 독립 전쟁을 포함하여 1830년부터 시작된 132년간의 기나긴 프랑스 식민지 생활이 마침내 종결되었다.

한편 1954년부터 1962년까지 프랑스에 동조한 알제리 출신 군인들을 아르키Harki라고 하였는데, 의미가 확대되어 프랑스 지배에 찬성하는 자들을 모두 아르키라 불렀다. 국제연합UN의 자료에 의하면 1962년 알제리 독립 이전 군인과 공무원 등을 포함해 총 26만 3,000명의 아르키가 있었으며 그 가족까지 포함한다면 100만 명에 달하였다. 하지만 알제리가 독립한 후 이들 아르키들은 궁지에 몰려 적은 숫자만이 프랑스로 떠났고 남은 이들은 알제리군의 보복을 받아야 했다.

* 1962년 7월 3일 '프랑스, 알제리 독립 승인' 참조

—

1952년 11월 1일

미국, 세계 최초로 수소폭탄 실험 실시

—

미국은 액체수소(중수소 및 삼중수소)를 이용한 습식濕式 수소폭탄을 완성하여 1952년 11월 1일 태평양 마샬 군도의 산호초 에네웨타크에서 실험하였다. 그 순간, 직경 5km의 불꽃이 상공에서 작렬하면서 근처에 있던 엘게랍 섬이 사라졌다.

수소폭탄은 수소의 동위원소들이 초고온에서 결합해 헬륨으로 바뀌는 핵융합의 연쇄 반응을 이용한 무기로서 엄청나게 큰 폭발력을 가진다. 원자폭탄보다 수백 배에서 수천 배 더 강력하다. 이날 실험에서 터진 폭탄은 10.4메가톤급으로서 일본 히로시마에 떨어진 원폭의 700배에 달하는 엄청난 위력의 폭탄이었다.

앞서 1942년 이탈리아의 물리학자 엔리코 페르미(Enrico Fermi : 1901~1954)는 핵분열 없이 핵융합으로 폭발력을 얻는 수소폭탄을 착안하였다. 미국은 1945년 7월 세계 최초로 원폭 실험에 성공하였지만 1949년 소련이 원폭 실험에 성공하자 위기감을 느꼈다.

이에 해리 트루먼(Harry Shippe Truman : 1884~1972) 대통령은 원자력 위원회에 수소폭탄의 조기 개발을 지시했다. 미국은 헝가리 출신의 과학자 에드워드 텔러(Edward Teller : 1908~2003)의 주도로 수소폭탄 개발에 성공하여 이날 실험을 강행한 것이었다.

한편 소련은 1953년 8월에 수소화리튬LiH을 이용하여 만든 건성乾性 수소폭탄 실험에 성공하였다.

* 1945년 7월 16일 '미국, 원자폭탄 실험에 성공하다' 참조
* 1949년 8월 29일 '소련, 미국에 이어 원자폭탄 실험에 성공하다' 참조

—

1996년 11월 1일

아랍 위성방송 알자지라 개국

—

알자지라는 1996년 11월 1일 영국 BBC에 근무했던 아랍어 방송 직

원 20여 명을 끌어들여 카타르 왕실의 투자로 개국했다.

이후 알자지라는 아랍어로 아랍인들의 목소리를 전해 오며 10년 만에 5,000만 명 이상의 시청자를 확보한 세계적 언론사로 발돋움했다. 카타르 왕실이 편성에 직접 간여하지 않아 공정성에도 일조하였다.

알자지라는 이라크전과 아프가니스탄전에서 다른 언론이 접근하지 못하는 현장에서 수많은 특종을 발굴하면서 성과를 올렸다. 특히 2001년 9·11 테러 주동자로 지목된 오사마 빈 라덴(Osama bin Laden : 1957~2011)의 메시지를 담은 녹화 테이프를 방영해 크게 이름을 알리기도 했다. 2004년에 발생한 우리나라의 김선일 납치 사건도 가장 먼저 전했다.

알자지라는 '납치 화면'을 방영함으로써 테러 집단에 이용당한다는 비난도 있지만, '객관성'과 '균형'이라는 원칙에 따라 상반된 입장들에 충분한 자기 표현 기회를 제공하는 것으로 정평이 나 있다.

하지만 미국·영국 등은 알자지라에 대해 '서방을 악으로만 묘사한다'며 불편한 심기를 드러내기도 하였다.

2012년 현재 아랍 최대의 위성 뉴스 방송으로 자리 잡았으며, 전 세계 30여 곳에 특파원을 파견해 24시간 뉴스 방송을 내보내고 있다.

11월 2일

1917년 11월 2일

영국, 발포어 선언을 발표하다

"우리는 남의 땅을 차지한 것이 아니라 우리의 조국으로 다시 돌아온 것입니다. 먼 옛날 유대와 이스라엘의 여러 왕들은 이곳을 다스렸습니다. 이 땅에서 폭력에 의해 쫓겨난 유대인들은 한 번도 이 땅을 잊은 적이 없습니다. 발포어 선언은 시온으로 돌아와 나라를 다시 세운 권리를 인정해 준 것입니다."

-메나헴 베긴, 이스라엘 총리

19세기 초 유럽 각지에 흩어져 살아가던 유대인들은 유럽의 반유대주의와 민족차별 정책에 힘겨워하고 있었다. 그러나 유대인들이 '약속의 땅' 팔레스타인으로 민족이동을 하기 전까지 유대인들은 아랍민족과 공존하고 있었다.

이스라엘 건국을 불러온 시온주의Zioninsm는 프랑스를 혼란스럽게 한 드레퓌스 사건에서 시작하였다. 1896년 드레퓌스 대위를 음모로 몰아넣은 프랑스인들의 반유대주의 사건이 일어나자 한 유대계 언론인 테오도르 헤르즐(Theodor Herzl : 1860~1904)은 『유대국가』라는 책을 펴냈다.

헤르즐은 이 책을 통해 유대인이 차별이나 박해를 받지 않기 위해서는 유대인만의 독립 국가를 세워야 한다고 주장하였다. 헤르즐 이전에도 비슷한 말들이 있었지만 그의 책은 시온주의 실현을 촉발시켰다.

유대인들은 그들만의 국가를 어느 지역에 세울 것인지 고심하다가 자신들이 2000년 전 살았던 팔레스타인을 선택하였다.

시온Zion은 유대교의 성지인 예루살렘에 있는 언덕으로 다윗이 수도를 세우고 솔로몬이 신을 위한 성전을 지은 곳이다. 그래서 이스라엘 백성의 천국, 이상향 등을 상징하고 있다. 즉 시온주의란 바로 팔레스타인에 유대 국가를 건국하는 운동을 의미한다.

시온주의자들은 인종 차별 철폐를 보장한 러시아 혁명에 뛰어든 유대인들과는 달리 팔레스타인을 사서 이민을 떠났다. 그 무렵 공교롭게도 오스만 제국의 지배하에 있던 팔레스타인에서는 아랍 민족주의 움직임이 꿈틀대고 있었다. 아랍 민족의 미래를 자신들 스스로 만들어 나가는 민족 자결을 내세워 이민족에 대한 거부감을 나타낸 것이다.

제1차 세계 대전 중 영국은 아랍 민족이 도와준다면 전쟁 후에 팔레스타인을 넘겨주겠다고 요르단의 후세인 왕과 은밀히 약속하였다. 하지만 영국 외무장관 아서 발포어(Arthur Balfour : 1848~1930)는 팔레스타인에 유대국가 세우는 것을 지지한다고 발표하였다. 1917년 11월 2일의 일이었다. 이것은 미국을 주도하는 유대인들을 자극하여 미국의 전쟁 참가를 유도하기 위한 방법이었다.

전쟁 후 영국은 시리아와 레바논을 분리하여 프랑스가 신탁통치를 하고 이라크와 팔레스타인은 영국이 신탁통치하도록 결정하였다. 당시에 연합국은 오스만 제국이 지배했던 아랍 지역을 자그마치 20여 개의 나라로 나누고 식민지로 전락시켰다. 영국이 유럽 거주 유대인들의 팔레스타인 이주를 환영한 이유는 영국의 식민지 유지에 도움이 필요했기 때문이었다.

1918년 나치가 독일에서 정권을 잡자 유대인의 이민 행렬은 끝없이 이어졌다. 당시 대다수의 국가들은 유대인의 이민을 꺼리고 있었기에 팔레스타인은 독일의 유대인들이 이주할 수 있는 몇 안 되는 지역이었다. 1940년경까지 팔레스타인으로 옮긴 유대인의 숫자는 45만 명에 달하였다.

그러자 아랍 민족은 시온주의와 영국에 대항하여 무장 투쟁을 시작하였다. 곳곳에서 테러와 함께 영국을 규탄하는 파업과 시위가 이어졌다. 아랍 민족의 무장 투쟁이 끊이지 않자 영국은 팔레스타인 문제를 미국이 주도하고 있던 국제 연합UN에 넘겨 팔레스타인을 분할하여 통치하였다.

그리고 1948년 5월 14일, 유대인들은 아랍인들을 몰아내고 팔레스타인에 이스라엘 국가를 세웠다. 하지만 발포어 선언 후 95여 년이 지난 2012년 현재까지 중동 평화의 길은 뿌연 안개로 뒤덮여 있다.

* 1899년 9월 19일 '프랑스 대통령 에밀 루베, 육군 장교 드레퓌스를 특별
  사면하다' 참조
* 1947년 11월 29일 'UN 총회, 팔레스타인 분할안 채택' 참조
* 1948년 5월 14일 '유대 민족의 국가 이스라엘이 세워지다' 참조

1874년 11월 2일

일본 「요미우리 신문」 창간

1874년 11월 2일 코야스 다카시 등은 작은 크기의 소신문小新聞인 「요미우리 신문讀賣新聞」을 도쿄에서 창간하였다.

「요미우리 신문」은 쉬운 일상 언어로 쓰여 구독자들이 많이 생겨났다. 처음에는 이틀에 한 번씩 발행되다가 이듬해 5월부터 일간지로 전환하였다.

한때 문예 신문의 특성이 강하여 사건 보도 중심 신문과의 경쟁에서 밀려 경영이 악화되기도 하였지만 새로운 경영진 영입과 인재 채용, 지면 혁신 등을 통해 제자리를 찾아갔다.

그래서 현재는 「마이니치 신문每日新聞」 「아사히 신문朝日新聞」 등과 더불어 일본의 3대 일간지로 자리매김하였다.

보수적인 논조를 보이는 이 신문의 하루 발행 부수는 2012년 현재 1,400만 부로, 세계 최다 발행 부수를 자랑한다.

1917년 11월 2일

일본과 미국, 이시이-랜싱 협정 체결

1917년 11월 2일 일본의 외무대신 이시이 기쿠지로(石井菊次郎 : 1866~1945)와 미국 국무장관 로버트 랜싱(Robert Lansing : 1864~1928)이 미국에서 만나 중국에서의 권리와 이익 분할에 관련한 협정을 맺었다. 이른바 '이시이-랜싱 협정'이었다.

이 협정은 양국의 '기회 균등'을 확인하되 중국과 국경선을 맞대고 있는 일본의 특수성을 감안한다는 내용이었다.

일본은 제1차 세계 대전으로 유럽 열강이 중국을 돌아볼 틈이 없자 중국에서 세력을 확대해 나갔다. 이에 불만을 가진 미국과의 협상을 위해 이시이 외무대신을 미국으로 급파한 것이었다.

일본은 미국과의 충돌을 피하고 일본의 권익을 지키려고 애매모호한 각서 형태로 협정을 작성하여 훗날 미국의 반발을 샀다.

하지만 이시이 랜싱 협정은 1920년대 내내 미국의 대對아시아 정책의 기본으로 작동하였다.

11월 3일

1957년 11월 3일

유기견 라이카, 소련의 인공위성 스푸트니크 2호에 실려 외계를 여행하다

"라이카는 로켓 단열재가 떨어져 나가면서 41도까지 치솟은 내부 온도와 공포로 괴로워하다 발사 5~7시간 만에 숨졌다."

-디미트리 말라센코프, 스푸트니크 2호에 참여했던 과학자

1957년 11월 3일 소련이 두 번째 인공위성 스푸트니크 2호가 발사되었다. 최초의 인공위성 스푸트니크 1호를 발사해 전 세계에 충격을 준 지 겨우 한 달여가 지났을 때였다.

스푸트니크 2호에는 우주의 여러 상태를 측정하기 위한 장비와 더불어 인간의 반려동물 한 마리가 실려 있었다. 역사상 최초로 '라이카'라는 이름의 유기견이 생명체를 대표해 우주로 날아가게 된 것이다.

당시는 미국과 소련이 우주 개발을 위해 치열한 경쟁을 벌이던 때였다. 스푸트니크 1호를 발사해 성공한 소련의 목표는 이제 유인 우주선 발사였다.

그러나 소련 과학자들은 인간이 우주에서 어떤 충격을 받게 될지 궁금했다. 과학자들은 먼저 동물을 가지고 실험하기로 마음먹었다. 그리고 어떤 동물을 실을지 무척 고민했다. 지렁이나 파리, 도마뱀, 쥐, 토끼 등 다양한 생물들이 후보에 올랐다.

여러 가지 검토 끝에 개를 골랐다. 우주 비행 후 번식에 대한 영향을 알기 위해서 암컷이라는 조건이 추가되었다.

그래서 최초의 동물 비행사를 선발하기 위해 소련 과학자들은 거리를 배회하는 떠돌이 개들을 데려와 여러 가지 테스트를 했다. 떠돌이 개들을 좁은 공간 안에 넣어 놓고 먹이만 공급하며 지켜본 뒤, 가장 잘 견딘 '라이카'를 최초의 우주 여행 동물로 결정하였다.

라이카는 소음 적응 등 여러가지 훈련을 받았다. 비좁은 우주선에 적응하기 위해 집을 줄이는 훈련도 받았다.

발사 당일이 되자 라이카는 과학자들의 우려와 기대 속에 스푸트니크 2호에 올랐다. 그리고 이틀 후인 11월 5일 독일의 유력 신문인 「디 벨트Die Welt」는 사설에 다음과 같이 썼다.

'우리의 머리 위를 돌고 있는 위성을 타고 있는 개는 미래에 있을 인간 우주여행의 선구자이며, 지구 생물이 우주에 생존할 수 있다는 것을 증명할 것이다.'

이 실험을 통해 생명체가 지구 궤도에 진입할 수 있음과 무중력 상태에서 견딜 수 있음이 확인되었다. 우주 공간에서의 생명체 반응에 대한 의미 있는 자료를 얻게 된 것이다.

소련은 라이카가 우주에서 약 1주일 간 생존했다고 발표했다. 하지만 스푸트니크 2호가 발사된 지 5시간 뒤에 라이카가 고온과 스트레스를 견디지 못하고 죽었다는 주장도 나왔다. 그리고 라이카의 유해는 1958년 4월 14일 지구로 귀환하던 스푸트니크 2호가 폭발하면서 우주 어딘가로 사라졌다.

이후 소련은 라이카의 값진 희생을 대가로 4년 후인 1961년 4월 인류 최초의 우주인 유리 가가린(Yurii Alekseevich Gagarin : 1934~1968)을 우주로 보내는 데 성공했다.

미국에서도 1961년 1월에는 침팬지 '햄'을, 그해 5월에는 미국 최초 우주인인 앨런 셰퍼드(Alan Bartlett Shepard : 1923~1998)를 우주로 보냈다.

2012년 현재까지 우주를 다녀온 동물은 모두 90여 마리다.

* 1957년 10월 4일   '세계 첫 인공위성 스푸트니크 1호가 발사되다' 참조
* 1961년 4월 12일   '소련, 첫 유인 우주선 보스토크 1호 발사' 참조

1946년 11월 3일

일본 신헌법 공포

국제 분쟁을 해결하는 수단으로 국권의 발동 내지는 전쟁과 무력에 의한 위협 및 무력의 행사는 영구히 포기한다. 이를 달성하기 위해 육 · 해 · 공 군 및 기타의 전력은 보유하지 않는다. 국가의 교전권은 인정되지 않는다.

-일본 신헌법 9조

제2차 세계 대전 패전 후 일본은 미국에 의해 새로운 헌법 제정을 강요받았다. 그래서 일본은 기존의 제국헌법을 개정하여 1946년 11월 3일 신헌법을 공포하였다. 신헌법의 주요 내용은 국민주권, 인권존중, 평화주의 등이었다.

메이지 천황(明治天皇 : 1852~1912) 때 만들어진 1889년 제국헌법에는 '천황은 국가 위에 있으며 주권은 천황에게만 있다.'라고 명시하여 모든 통치권은 천황에게만 주어졌다. 하지만 신헌법에서는 국가의 의사결정권을 국민에게 부여하여 천황은 상징적인 존재로만 남게 되었다.

또한 제국헌법에서는 언론 · 출판 · 집회 · 결사의 자유를 제한했던 것을 모든 이들이 기본적인 인간 권리를 갖도록 바꾸었다. 하지만 일본은 실제 인권 보장의 대상을 '일본인'으로만 한정하여 강제로 일본에 건너갔던 재일조선인과 재일중국인 등은 1947년 5월 3일 신헌법 시행 이후 일본 국적을 박탈당하였다.

그리고 신헌법은 평화주의를 따르며 군사력을 보유하지 않는다는 제9조 조항으로 인해 일본 국내외에서 '평화헌법'이란 이름으로 불렸다.

이 조항은 국제 분쟁 조정이 아닌 상황에서는 군사 재정비를 한다는 뜻으로 해석할 수 있었기에 훗날 논란거리가 되었다.

2102년 현재 일본 우익은 '중국 위협론'과 '자주헌법 제정' 등을 이유로 들며 신헌법의 개정을 주장하고 있다.

1928년 11월 3일

터키의 무스타파 케말, 문자 개혁 실시

문자 개혁은 새로운 사회 건설을 위한 준비이기도 했다. 중국의 진시황은 중국 통일 후 글자체를 소전小篆으로 바꾸었고, 근대 중국에서는 간자체를 채택하였다. 터키의 무스타파 케말은 터키의 근대화를 위하여 정교 분리 원칙을 내세우고 문자 개혁을 단행하였다.

터키 공화국을 세운 무스타파 케말(Mustafa Kemal : 1881~1938)은 아랍 문자의 사용을 금지하고 로마자를 도입하는 문자 개혁을 단행하였다. 1928년 11월 3일의 일이었다.

아랍 문자는 문장 속에서 단어의 위치에 따라 문자의 모양이 바뀌는 특성 때문에 익히기 어려운 문자이다. 무엇보다도 터키어의 음운을 아랍 문자로써는 정확하게 표기할 수 없었다.

그래서 케말은 아랍 문자 29자와 페르시아 문자 4자를 포함한 33자를 폐지하고 로마자를 도입하였다. 또한 오스만 제국 당시 사용하던 아랍 지역의 말을 사용 금지하고 옛 터키의 말과 방언 등을 되살렸다. 1927년의 조사에 의하면 아랍 문자를 아는 사람은 전체 인구의 9%에 불과하였다.

1928년 4월부터는 아랍어로 행하는 종교 의식을 금지하고 코란을 터키어로 번역하도록 하였다. 그해 11월부터 로마자 교육을 위한 초등학교가 문을 열었고 성인들을 위한 특별 강습과 순회 교육으로 차츰 문맹률이 낮아졌다.

또한 터키어 연구를 위하여 1932년에는 터키 언어학회를 설립하였다. 그리고 1945년 아랍어로 부르던 관청과 관직의 명칭 그리고 일 년 열두 달의 이름 등을 모두 터키어로 바꾸었다.

11월 4일

1922년 11월 4일

이집트의 투탕카멘 무덤을 발견하다

미라Mira는 고대 이집트와 잉카 제국에서 성행한 장례 풍습이었다. 시신을 깨끗이 닦은 후 시신의 옆구리를 칼로 베어 생명의 원천인 심장을 제외한 나머지 장기를 빼냈다. 뇌는 코를 통해 길쭉한 갈고리를 집어넣어 밖으로 꺼냈다. 장기들은 방부제에 담갔다가 천으로 감싸 항아리에 각각 나누어 담았다. 마지막으로 시신의 옆구리를 꿰매고 방부제를 발랐으며 천으로 감싼 다음 또 송진을 덧발라 외부와 차단시켰다. 이렇게 미라를 만드는 데 걸린 기간은 700여 일이었다.

‘왕들의 계곡’은 높은 산들로 둘러싸인 좁고 긴 골짜기이다. 이집트 나일 강 중류이 룩소르 서쪽에 있는 이곳에는 3,000여 년 전 이집트를 다스렸던 파라오들의 무덤이 몰려 있다.

이집트 왕들은 일찍이 자신들의 영원한 안식처로 피라미드를 세우고 먼 훗날 영혼이 깃들도록 시신을 미라로 만들었지만 도굴을 당할 위험성이 항상 있었다. 그래서 투트모세 1세(B.C. 1512년 무렵 사망)는 새로운 무덤을 지을 곳을 찾다가 왕들의 계곡을 선택하였다.

투트모세 1세의 신하는 전쟁포로 100여 명을 동원하여 무덤을 만들었고 완성한 후에는 그들을 모조리 죽여 버렸다. 또한 노예를 감독한 신하도 왕에게 살해되어 무덤은 비밀을 유지할 수 있었다. 그때부터 모든 파라오의 시신은 피라미드가 아닌 왕들의 계곡에 안장되었다.

3,000여 년 동안 편안한 잠을 자고 있던 왕들의 계곡은 1881년 한 미국인 골동품 수집가에 의해 그 존재가 세상에 알려졌다. 우연히 사들인 파피루스가 피라미드 시대 이후의 유품으로 밝혀져 조사를 해 보니 주민 전체가 도굴을 하던 마을을 찾을 수 있었다. 무려 13세기부터 대대로 도굴을 한 쿠르나 마을의 한 사람이 1875년 우연히 왕들의 계곡에 있는 무덤을 발견하였는데, 그때부터 온 마을 사람들이 무덤을 파헤쳐 유품을 팔다가 꼬리를 붙잡혔던 것이다.

조사관이 도굴범을 앞세워 골짜기에 가 보니 파헤쳐진 64개의 무덤은 이미 아무런 유물도 남겨져 있지 않고 텅텅 빈 상태였다. 조사관은 하는 수 없이 마구 훼손된 파라오의 미라들만 박물관으로 옮겼다.

1902년 미국인 변호사 데이비스가 이집트 정부로부터 왕들의 계곡 발굴을 허가받았다. 12년간 무덤 네 곳을 발굴했지만 모두 도굴된 상태여서 이렇다 할 성과를 거두지 못하고 재산을 거의 날려 1914년 영국인 카나번에게 발굴권을 넘겼다.

카나번은 골동품 수집에 관심이 있었기에 무덤 발굴에도 흥미를 가졌다. 그는 왕들의 계곡에서 유일하게 발견되지 않은 투탕카멘(Tutankhamen : B.C. 1341~B.C. 1323)의 무덤을 찾아 나섰다. 발굴 작업을 책임질 사람을 찾았는데 바로 영국 출신의 젊은 고고학자 하워드 카터(Howard Carter : 1874~1939)였다. 투탕카멘의 무덤 위치를 가늠한 후에 땅을 파헤치기 시작했지만 때마침 제1차 세계 대전이 일어나 3년 동안 작업을 중단해야만 했다.

1917년에 다시 발굴을 진행하여 4년 동안 갖은 고생을 했지만 좀처럼 무덤의 입구를 찾을 수 없었다. 서서히 지쳐가고 있던 중 1922년 11월 4일 한 일꾼이 카터를 불렀다.

"카터 씨, 여기 바위 아래를 보세요!"

"뭐가 있소?"

그 일꾼이 가리키는 곳을 보니 바위를 깎아 만든 돌계단이 모습을 드러내고 있었다. 돌계단을 하나둘 파헤치니 열여섯 개의 돌계단 끝머리에 무덤의 입구가 나타났다. 카터는 영국에 있는 카나번에게 연락하여 무덤 입구를 발견했다는 소식을 전했다.

11월 24일 급히 달려온 카나번과 함께 입구의 봉인을 조심스레 떼어내고 문 앞을 가로막은 돌 더미를 치운 후 무덤 안으로 들어섰다. 무덤 안에 들어선 순간 사람들은 모두 눈앞이 환해지는 걸 느꼈다. 그 안에는 온통 황금으로 만든 물건으로 가득했고 벽에는 화려한 벽화가 그려져 있었다. 미라가 보이지 않아 사방을 둘러보니 별실이 두 군데나 있었다. 미라를 확인하고 수많은 유물을 발굴하려면 전문가의 손길이 많이 필요했기에 그들은 무덤을 막고 밖으로 나왔다.

무덤 발굴 소식은 순식간에 전 세계로 퍼져 전문가들이 앞다퉈 몰려왔다. 12월 6일부터 정식 발굴을 시작하여 이듬해 5월 1차 발견된 유물들을 수십 개의 상자에 담아 카이로 박물관으로 옮겼다.

1924년 2월 카터는 드디어 미라가 모셔져 있는 별실의 문을 열었다. 그 안에는 황금으로 뒤덮인 길이 5m, 너비 3.3m, 높이 2.72m 가량의 거대한 나무 관이 있었다. 한쪽 벽에는 또 다른 문이 있어 그곳에는 금빛 상자와 여신상이 세워져 있었다.

1927년 2월에는 여러 겹으로 이루어진 관을 공개하였다. 겉 관을 들어내고 500kg이 넘는 화강암 뚜껑을 열자 시신의 형체를 본 뜬 인형 모양의 속 관이 나타났다.

첫 번째 속 관 덮개에는 어린 나이에 세상을 떠난 왕의 초상을 새긴 황금 판이 붙어 있었다. 얼굴은 순금, 눈은 흑요석, 눈썹은 푸른 유리로 만들어졌으며 두 손에는 파라오를 상징하는 갈고리와 도리깨를 들고 있었다. 두 번째 속 관의 덮개에는 예복을 입은 왕의 초상화가 그려져 있었다. 황금으로 만들어진 세 번째 속 관 안에 왕의 미라가 잠들어 있었다. 몸 전체는 천으로 둘러싸고 얼굴에는 황금 가면을 쓰고 있었다. 미라를 둘러 싼 천을 풀어 보니 100여 개의 보석이 들어 있었다.

투탕카멘의 황금 미라와 함께 3,000여 점의 유물을 조사하고 옮기는 데만도 6년이나 걸렸다.

한편 무덤 발굴 이후 전해지는 투탕카멘의 저주에 관한 이야기가 세상을 들썩이게 하였다.

카나번은 모기에 물린 얼굴의 상처가 덧나서 죽었는데 투탕카멘 미라에도 비슷한 상처가 있었다. 이집트 학자 화이트는 1924년 무덤에 갔다 온 후에 '투탕카멘왕의 저주로 죽는다.'라는 혈서를 쓰고 자살하였다. 무덤에 들어갔던 카나번의 친척은 복막염으로 숨졌으며 무덤을 구경한 이집트 왕자는 런던의 한 호텔에서 살해당하고 그의 동생은 자살했다. 무덤에서 꺼낸 유물의 목록을 작성한 사람은 자살하였고 파리의 유물 전시회를 허가한 이집트 박물관 담당자는 회의를 끝낸 후 교통사고로 숨졌다.

하지만 무덤을 발굴하거나 유물을 운반한 이들은 평균 26년이나 생존하였고 총책임자인 카터도 18년을 더 생존하여 66세에 자연사하였다. 실제 발굴 작업에 참여한 1,500여 명 중에 10년 내에 사망한 자는 불과 21명이었다. 1933년 독일의 고고학자 슈타인도르프는 언론에서 언급한 저주의 희생자들 21명의 죽음을 분석하였다. 조사를 해 보니 자연사했거나 발굴과 관련이 없는 사람이었고 나머지는 우연한 죽음이었다.

파라오의 관에는 보통 '사자死者의 안녕을 방해하는 자는 저주가 있다.'라고 쓰여 있지만 투탕카멘의 관에는 '왕의 이름을 알리는 자에게 복이 있으리라.'라고 쓰여 있었다.

*** 2005년 5월 10일 '고대 이집트 왕 투탕카멘 얼굴 복원' 참조**

2008년 11월 4일

버락 오바마, 미국 최초 흑인 대통령 당선

미국인들이여, 오늘 밤 우리 모두 자문해 봅시다. 우리 아이들이 자라 다음 세기를 보게 된다면 무슨 변화를 목격하게 될까요? 우리는 어떠한 발전을 이루었을까요? (……) 이제는 우리가 그 질문에 답할 차례입니다. 바

도 지금이 우리의 순간입니다. 우리의 시간입니다. 우리의 시민들이 다시 열심히 일하고 아이들을 위해 기회의 문을 활짝 열어야 할 시기입니다. 다시 부를 축적하고 평화의 가치를 널리 이룩해야 할 시기입니다. 아메리칸 드림을 다시금 재생하고 우리의 변하지 않는 진실을 다시 인지해야 할 시기입니다.

우리에게 안 된다고 말하는 자들 앞에서, 우리는 모든 자들의 영혼을 하나 되게 하는 그 불변의 가치로 답할 차례입니다. 우리는 할 수 있습니다.

-버락 오바마의 당선 연설

버락 오바마(Barack Hussein Obama : 1961~)는 1961년 8월 4일 미국 하와이 주의 호놀룰루에서 태어났다. 그의 아버지는 케냐 출신의 흑인 유학생이었고, 어머니는 미국인 백인이었다. 그러나 2세 때 부모가 이혼하면서 오바마는 케냐로 돌아갔다.

1966년 재혼한 어머니를 따라 인도네시아로 이주하였으나 어머니는 다시 이혼하였다. 이후 오바마는 하와이에 거주하면서 술과 담배와 마약에 손을 대는 등 평탄하지 않은 청소년 시절을 보냈다.

하지만 오바마는 컬럼비아 대학교 정치학과에 편입하면서부터 아프리카계 미국인으로서 정체성에 눈을 뜨게 되어 마약을 끊고 학업에 정진하였다.

1983년 대학 졸업 후에는 잠시 컨설팅회사에서 일하였다. 1985년부터는 사회운동에 투신하여 시카고 빈민가 주민들의 주거 환경을 바꾸기 위해 동분서주하였다.

1988년 하버드 대학교 로스쿨에 입학하였고, 1992년에 미셸 로빈슨(Michelle LaVaughn Robinson : 1964~)과 결혼하였다.

1996년 일리노이 주 상원의원 선거에 출마하여 당선되면서 정치가의 길을 걷기 시작했다. 이 지역에서 오바마는 1998년과 2002년에도 당선되어 내리 3선에 성공하였다.

2004년 민주당 전당대회에서 오바마는 진보와 보수, 인종 차별이 없는 하나의 미국을 지향하여 담대한 희망을 갖자고 역설하여 사람들의 호응을 끌어냈다. 그해에 그는 흑인으로는 유일한 연방 상원의원이 되었다.

2007년 2월 일리노이 주 스프링필드에서 대통령 선거 출마를 선언하면서 오바마는 유권자들의 주목을 끌기 시작하였다. 그리고 2008년 1월 첫 경선지인 아이오와 주 코커스에서 승리함으로써 그의 폭발력을 입증하였다.

이후 힐러리 클린턴(Hillary Rodham Clinton : 1947~)과의 경합을 거쳐 그해 8월 민주당 대통령 후보로 확정되었다. 당시 오바마가 내세운 주요한 대통령 선거 공약은 다음과 같았다.

1. 집권 후 16개월 안에 상원의원 시절부터 명분 없는 전쟁이라고 반대해 온 이라크 전쟁에서 철군한다.
2. 전 국민 건강보험 혜택을 비롯하여 대학 교육비 절감, 중산층과 서민을 위한 세제 개편 등 사회복지 정책을 적극적으로 추진한다.
3. 대對북한 정책에서도 전임 부시 정부와 달리 직접 협상 등 적극적 개입으로 한반도의 긴장을 완화시킨다.

이를 통해 유권자들에게 변화와 희망을 준 오바마는 흑인뿐 아니라 백인들에게도 폭넓은 지지를 얻었다. 그리고 오바마는 11월 4일에 치러신 대통령 선서에서 공화당 존 매케인(John Sidney McCainⅢ : 1936~) 후보를 누르고 미국 최초의 흑인 대통령이 되었다.

이후 오바마는 2009년 1월 20일 제44대 미국 대통령으로 취임하였다. 취임 후에 그는 이전 부시 정권의 일방주의 외교 정책으로 교착 상태에 빠진 중동 평화 회담을 재개하는 데 힘쓰고 핵무기 감축, 대화와 타협을 통한 국제 분쟁 해결, 기후 변화 대응 등에 노력하였다.

2009년에는 국제 외교와 국제사회의 협력 강화를 위하여 기울인 노력을 인정받아 노벨 평화상 수상자로 선정되었다.

2012년 현재 오바마는 11월 6일에 치러지는 대통령 선거에서의 재선 승리를 위해 공화당 미트 롬니(Willard Mitt Romney : 1947~) 후보와 경합 중이다.

*** 2009년 1월 20일 '오바마 미국 제44대 대통령으로 취임' 참조**

1946년 11월 4일

최초의 국제연합 전문기구 유네스코 발족

전쟁은 인간의 마음속에서 비롯됐으니 바로 인간의 마음속에 평화의 방벽을 쌓아야만 한다.

-유네스코 헌장

국제연합UN에 속한 전문기구인 유네스코의 정식 명칭은 '국제연합 교육 과학 문화 기구(United Nations Educational, Scientific and Cultural

Organization)'이다. 영문 명칭의 머리글자를 따서 'UNESCO'라고 부르고 있다.

세계의 지식인들은 두 차례나 벌어진 세계 대전의 주요 원인을 다른 국가나 민족의 문화와 가치에 대한 불신이나 편견으로 보았다. 그에 따라 전 세계를 지적·도덕적으로 묶을 만한 국제 조직이 필요하였다.

그래서 제1차 세계 대전 후인 1924년 국제 연맹은 '국제 지적 협력 위원회'를 결성했다. 이 기구는 학자 중심으로 구성되어 회원국을 통제할 수 없었기에 1942년 11월 영국 런던에서 연합국 교육 담당 장관들이 새로운 국제기구 설립에 뜻을 같이하였다.

1945년 11월 1일부터 16일까지 영국 런던에서 44개국 정부 대표들이 모여 유네스코 헌장을 채택하였다. 유네스코의 심벌마크는 지혜의 신을 모셔 놓은 그리스 아테네 파르테논 신전의 모습을 본떠서 만들었다. 처음에는 교육과 문화 두 분야만을 대상으로 삼았다가 나중에 과학 분야를 추가하였다.

그리고 이듬해인 1946년 11월 4일 미국·영국 등 20개국이 참여한 가운데 유네스코가 발족하였다.

1903년 11월 4일

중국 혁명 조직 화흥회 설립

1903년 11월 4일 중국 후난성湖南省에서 황싱(黃興 : 1874~1916), 쑹자오런(宋教仁 : 1882~1913), 진천화(陳天華 : 1875~1905) 등 일본 유학생 출신자들이 중심이 되어 화흥회華興會 실립하였다.

이들은 "오랑캐를 몰아내고 중국을 일으키자"라는 구호를 내세웠으며, 발각되지 않기 위해서 화흥공사華興公司라는 대외적인 명칭을 사용하였다.

이듬해 서태후(西太后 : 1835~1908)의 생일날 후난성 장사長沙에서 무장봉기하려 했으나 기밀이 새어 나가는 바람에 주동자들은 일본으로 도피하였다.

1905년 이들은 쑨원(孫文 : 1866~1925)과 함께 중국 혁명 동맹회 설립에 참여하였다.

* **1894년 11월 24일　'중국혁명가 쑨원, 비밀 정치결사 흥중회를 창립하다'**

　참조

—

1979년 11월 4일

이란 시위대, 테헤란 미국 대사관 직원 52명을 인질로 잡다

—

1979년 1월 이란에서 쫓겨난 모하마드 레자 샤 팔레비(Mohammad Reza Shah Pahlevi : 1919~1980) 국왕이 이집트로 망명하였다. 그러나 그는 그해 10월 22일, 질병 치료를 내세우며 미국에 입국하였다.

이에 11월 4일 이란의 시위대가 테헤란의 미국 대사관을 무력 점거하였다. 그리고 미국 외교관을 포함한 직원들 52명을 인질로 삼고 팔레비의 강제 송환을 요구하였다.

그러자 미국은 1980년 4월 이란과 단교 조치를 취하고 이란에 대한 전면적인 경제 제재를 단행하였다.

알제리의 적극적인 중재로 인질들은 1981년 1월 20일, 무려 444일 만에 자유의 몸이 되었다.

* 1979년 1월 16일 '이란의 팔레비 국왕 이집트로 망명' 참조
* 1979년 2월 1일 '이란 혁명 지도자 호메이니 귀국' 참조
* 1979년 2월 11일 '이란 혁명 발생' 참조

11월의
모든 역사

11월 5일

1688년 11월 5일

영국, 명예혁명이 일어나다

영국인들은 청교도 혁명이나 다른 혁명처럼 무력 충돌과 유혈 사태 없이 정권 교체가 이뤄졌기에 이를 자랑스럽게 여기기 위하여 '명예혁명'이라고 부르고 있다. 영국은 정치 혁명을 일찍 끝내고 식민지 개척과 경제 발전에 힘을 기울일 수 있었다.

찰스 2세(Charles Ⅱ : 1630~1685)가 세상을 떠나고 왕위를 계승할 후손이 없자 동생인 제임스 2세(James Ⅱ : 1633~1701)가 1685년 왕위를 물려받았다.

가톨릭교도였던 제임스 2세의 왕위 계승에 휘그당이 반대하고 나섰지만, 다른 계승자도 없거니와 의회의 권한으로 충분히 왕권을 견제할 수 있다고 판단한 토리당은 그의 즉위에 손을 들어 주었다.

하지만 제임스 2세는 휘그당이 우려했던 바와 같이 왕위에 오른 후 자신의 고집을 강하게 밀고 나갔다. 그리고 절대왕권을 굳건히 하려는 의도에서 군대 2만여 명을 꾸려 스코틀랜드에서 일어난 찰스 1세(Charles Ⅰ : 1600~1649)의 서자 몬머스 공작(Duke of Monmouth : 1649~1685)의 반란을 힘으로 진압하였다.

또한 가톨릭교도의 자유로운 정치 참여를 허용하려다가 의회의 반대에 부딪치자 왕권을 내세워 무단으로 허용해 버렸다. 정부 주요 관직에 가톨릭교도를 임명하였으며 관료들을 가톨릭으로 개종시키려 하고 주교를 등용하였다. 이에 반발한 캔터베리 대주교를 비롯한 7명의 신교도를 런던탑에 감금하기도 하였다.

1688년에 재혼한 왕비가 왕자를 출산하자 훗날 왕자가 왕위를 계승하면 가톨릭 중심의 통치가 세습될 것으로 보였다. 또한 당시 제임스 2세는 아일랜드의 가톨릭 군대를 잉글랜드로 끌어들이려고 했다. 그런 와중에 프랑스에서는 루이 14세(Louis XIV : 1638~1715)가 신교를 탄압한다는 어두운 분위기가 전해졌다.

제임스 2세의 가톨릭 옹호 위주 전제정치 움직임에 휘그당과 토리당은 합심하여 그를 쫓아낼 계획을 세워 나갔다. 제임스 2세의 딸 메리 2세((Mary Ⅱ : 1662~1694)는 신교 국가인 네덜란드의 오렌지 공☆ 윌리

엄과 결혼한 상태였기에 그 두 사람을 후계자로 삼기로 결정하고 서신을 띄웠다.

1688년 11월 5일 윌리엄은 의회와 신교를 보호한다는 명목 하에 군대를 이끌고 토베이에 상륙하여 런던으로 들어갔다. 아무런 우호 세력이 없어 궁지에 몰린 제임스 2세는 프랑스로 망명할 수밖에 없었다.

명예혁명은 17세기에 있었던 왕권과 의회의 항쟁에 결말을 짓고 의회정치 발달의 기초를 이루었다는 점에서 의의가 크다.

1916년 11월 5일

아인슈타인, 일반상대성이론 발표

상대성이론을 쉽게 설명해 달라는 질문에 대해 아인슈타인은 다음과 같이 대답하였다.

"공원의 벤치에 앉아서 아름다운 여성과 지내는 한 시간은 1분처럼 느껴지고, 뜨거운 난로 위에 앉아 있는 1분은 한 시간처럼 느껴지는 것이다."

1916년 11월 5일 독일 출신의 이론물리학자 알베르트 아인슈타인(Albert Einstein : 1879~1955)이 과학학술지인『물리학 연보』에 일반상대성이론을 발표하였다. 이는 그가 1905년에 발표한 '특수상대성이론'을 확장하여 일반화한 것으로, 빛의 진로는 강한 중력의 장 속에서 굽어진다는 이론이다.

그리고 그의 발표 3년 후인 1919년 5월 29일 전 세계는 아프리카 프린시페 섬에서 들려온 보도에 흥분했다. 그곳에서는 영국 런던 왕립학

회의 일식 관측팀이 연구 중이었다. 그런데 이들이 태양의 표면을 지나는 별빛이 뉴턴 물리학에 의한 계산보다 2배 더 휘어지는 것을 확인했다는 것이다. 아인슈타인의 상대성이론이 현실에서 과학적으로 증명되는 순간이었다.

이후 사람들은 시간과 공간이 불변하는 것이 아니라 물질의 운동에 따라 변한다는 사실을 알게 되었다. 물리학과 우주 공간에 대한 인식에 큰 변화가 일어난 것이다.

* 1879년 3월 14일 '독일 물리학자 알베르트 아인슈타인 태어나다' 참조
* 1905년 6월 30일 '아인슈타인, 특수상대론이론에 대한 논문을 출판하다'
  참조

1974년 11월 5일

제1회 세계 식량 회의 개막

1996년 11월 13일 전 세계 식량 부족 문제 해결을 위해 180여 개국, 2,000여 명의 대표가 모인 제1회 세계 식량 회의가 국제연합 식량 농업 기구FAO의 주최로 이탈리아 로마에서 개막하였다.

12일간의 긴 회의를 통해 당시 전 세계 8억이 넘는 기아飢餓 인구를 2015년까지 4억 명으로 줄이는 계획을 세웠다. 그리고 식량 안보를 위협하는 가뭄과 사막화에 대한 대응 방안 마련과 함께 수자원을 비롯한 자연 자원의 복원을 결의하였다.

또한 UN 전문기구로 세계 식량 이사회 · 국제 농업 개발 기금 · 세계

식량정보 시스템 등을 설치하기로 합의하였다.

　아울러 식량 원조를 위한 대대적인 식량을 준비하기로 했지만 개발도상국의 식량 부족 문제 해결에는 한계가 있었다. 그래서 개발도상국의 식량 증산을 도모하기 위한 선진국의 기술, 재정상의 원조 등을 요점으로 하는 행동 선언이 채택되었다.

11월 6일

1917년 11월 6일

러시아 혁명이 일어나다

혁명 당시 러시아에서는 율리우스 케사르의 '율리우스력曆'을 사용
하였다. 16세기까지 유럽에서 널리 사용한 율리우스력은 시간 오
차의 문제점이 나타나 가톨릭 교황 그레고리우스가 만든 그레고리
력曆으로 대체되었다.

율리우스력은 그레고리력과는 13일이 차이 난다. 그래서 율리우스
력의 기준으로는 혁명 발생일이 10월 24일이기에 '10월 혁명'으로
불리며, 그레고리력의 기준으로는 11월 6일이기에 '11월 혁명'으로
도 불리고 있다.

1917년 당시 러시아에서 가장 큰 세력을 가진 정당은 농민들의 목소리를 대변한 사회혁명당이었다. 그 다음은 사회민주당으로서, 1917년 블라디미르 레닌(Vladimir Il'ich Lenin : 1870~1924)을 추종한 이들이 중심이 된 과격파인 볼셰비키Bolsheviks와 그들을 반대하는 마르크스주의 우파인 멘셰비키Mensheviks로 나뉘었다. 러시아어로 볼셰비키는 '다수多數'를 뜻하고 멘셰비키는 '소수少數'를 뜻한다.

1917년 3월에 일어난 혁명은 제1차 세계 대전의 여파, 친親독일파와 황실에 대한 불신에서 비롯되었다. 상트페테르부르크에서 연쇄적으로 일어난 파업과 폭동 그리고 수도를 지키는 군대의 폭동으로 전제정권은 버텨낼 수 없었다. 하지만 혁명당은 제 역할을 해내지 못하여 주도권을 잡은 것은 두마가 이끈 입헌주의 정당인 10월당과 카데츠당이었다.

로마노프 왕조가 무너지면서 러시아의 황제 정치는 역사 속으로 사라졌다. 그러나 어렵사리 세워진 임시정부는 러시아 민중들의 가장 큰 바람을 만족시키지 못하였다. 러시아가 전쟁의 소용돌이에 휩싸이지 않는 것, 농민들의 토지 부족으로 인한 굶주림을 해결하지 못한 것이다.

망명 생활을 접고 돌아온 레닌은 평화 선언과 토지의 국유화 그리고 모든 권력을 노동자 대표인 소비에트Soviet에 넘겨준다는 이른바 '4월 테제April Theses'를 선언하였다. 1905년 혼란기에 생겨난 소비에트는 '평의회評議會'란 뜻이며 1917년에 다시 등장한 것이다.

처음에 소비에트 내부에서는 멘셰비키와 사회혁명당 세력이 소수파인 볼셰비키를 압도하였다. 하지만 볼셰비키는 소비에트에서 권력을 장악하기 위해 기회를 살피고 있었다. 그러다 10월 상트페테르부르크 소비에트에서 수적인 우세를 차지하고 레온 트로츠키(Leon Trotskii : 1879~1940)가 새 의장에 선출되자 레닌은 비로소 권력 장악의 움직임을 보였다.

10월 말 볼셰비키의 지도자들은 '군사 혁명 위원회'를 만들어 무장봉기를 위한 계획을 세웠다. 11월 6일 아침 일찍부터 혁명군들은 재빨리 수도의 중요 지역을 장악하고 임시정부 인사들을 사로잡거나 물리치는 데 성공하였다.

러시아 소비에트 총회는 상트페테르부르크 소비에트로부터 전권을 넘겨받아 4월 테제에 나온 사안들을 공개적으로 선언하였다. 국가 통치 기구 인민 위원회는 혁명당원들과의 동조를 유지하려 했지만 볼셰비키 지도자들이 중심이 되어 레닌과 트로츠키 등이 실권을 장악하였다.

볼셰비키 정부는 12월부터 1920년 11월까지 3년에 걸친 각 지역 군사 지도자들의 무력 위협을 이겨내야만 했다. 긴 내전을 겪은 후 레닌은 1921년 3월 새로운 경제 정책을 내세워 굶주림에 허덕이는 농민들에게 지지를 얻기 위한 노력을 시작하였다.

자본주의 체제를 도입하여 농민들에게 토지 소유권과 국가 소유가 아닌 민간의 사기업私企業을 공식적으로 인정해 주었다. 이는 사회주의 체제의 후퇴가 아니라 단기적인 응급 처방이었을 뿐이었다.

볼셰비키 지도자들은 유럽으로 러시아 혁명의 파장이 커질 것으로 예상했지만 유럽 선진 산업 국가에서의 공산주의 혁명은 이루어지지 않았다.

* 1917년 4월 16일 '블라디미르 레닌, 봉인 열차 타고 러시아로 귀국' 참조
* 1929년 1월 16일 '러시아 혁명가 레온 트로츠키, 국외 추방' 참조

1947년 11월 6일

에드윈 랜드, 세계 최초의 즉석 사진기 개발

어느 날, MIT 명예교수인 에드윈 랜드(Edwin Land : 1909~1991)의 딸이 크리스마스를 기념하여 사진을 찍은 후 물었다.

"아빠, 사진을 지금 볼 수 없나요?"

그는 사진 관련 분야에서 500여 건의 특허를 획득하여 사업가와 발명가로서 성공한 사람이었다. 당시 사진 기술은 촬영 후 현상과 인화에 상당한 시간이 걸렸기에 랜드는 찍은 후 바로 볼 수 있는 사진기 개발에 관심을 가졌다.

그리고 1947년 11월 6일 세계 최초의 즉석 사진기인 '폴라로이드 랜드 카메라'를 세상에 내놓았다. 폴라로이드 사진의 인화 원리는 다음과 같다. 필름을 뺄 때 카메라 안에 장치된 룰러에 인화 정착액 주머니가 눌려 터진다. 그리고 인화 정착액이 필름에 골고루 묻어 즉시 인화가 가능한 것이다.

촬영 후 흑백 필름은 10초 만에, 칼라 필름은 약 1분 만에 인화되어 촬영한 장소에서 즉시 사진을 볼 수 있다. 그래서 '1분 카메라'라고도 불려진다. 폴라로이드 카메라의 발명은 당시로서는 일대 혁명이라고 할 정도의 사건이었다.

2012년 현재 폴라로이드 카메라는 일반카메라 뿐만 아니라 공업용·의학용 등으로 여러 분야에서 널리 사용되고 있다.

1860년 11월 6일

에이브러햄 링컨, 미국 16대 대통령에 당선

"국민에 의한, 국민을 위한, 국민의 정부는 지상에서 영원히 사라지지 않
을 것이다."

-에이브러햄 링컨

에이브러햄 링컨 (Abraham Lincoln : 1809~1865)은 1809년 2월 12일
켄터키 주에서 태어났다. 그는 불우한 환경 속에서 성장하였지만 주 의
원과 하원 의원을 거쳐 마침내 1860년 5월 18일에 시카고에서 열린 공
화당 전당대회에서 대통령 후보로 지명되었다.

그리고 11월 6일, 미국 제16대 대통령 선거에서 링컨이 당선되었다.
그는 공화당의 단일후보였고 민주당은 후보가 4명이었다. 이 때문에
일반투표에서도 40%가 못 되는 표를 얻고도 선거인단 투표에서 압승
을 거둬 승리할 수가 있었다.

그가 대통령에 당선된 직후 남부 주들이 노예 제도에 대해 이견을 보
이며 연방을 탈퇴, '남부 연합' 정부를 결성했다. 그래서 링컨은 연방정
부의 분열을 막기 위해 1861년 4월 남북 전쟁을 선언했다. 이 전쟁에서
그는 '노예 해방'을 주창하면서 남북 전쟁을 승리로 이끌었다.

하지만 1865년 4월 14일 워싱턴에 있는 극장에서 연극을 보던 중 남
부 지지자인 존 윌크스 부스(John Wilkes Booth : 1838~1865)에게 저격
을 당해 암살되었다.

* 1809년 2월 12일 '미국 16대 대통령 에이브러햄 링컨 출생' 참조

* 1861년 4월 12일 '미국에서 남북 전쟁이 일어나다' 침조

* 1863년 1월 1일 '링컨 대통령, 노예 해방 선언문 발표' 참조

* 1865년 4월 9일 '미국 남북 전쟁이 종식되다' 참조

* 1865년 4월 14일 '미국 링컨 대통령, 워싱턴에 있는 극장에서 저격당하

다' 참조

11월의
모든 역사

11월 7일

—

1918년 11월 7일

독일에서 11월 혁명이 발생하다

-1918년 11월 혁명. 11월 9일 베를린의 브란덴부르크 개선문 앞에서 혁명군이 붉은 깃발을 들고 있다.

1918년 여름 무렵, 제1차 세계 내전에서 독일의 패선이 거의 확실해졌다. 이에 전쟁의 실질적인 최고책임자인 에리히 루덴도르프(Erich Friedrich Wilhelm Ludendorff : 1865~1937)는 독일 군부 독재가 붕괴함에 따라 제정의 유지가 곤란하다고 판단하였다.

그래서 그해 9월 29일 새벽, 그는 수상 게오르크 폰 헤르틀링과 외무대신 파울 폰 힌체를 벨기에 슈파에 주둔하고 있던 독일군 사령부로 불렀다. 루덴도르프는 미국과의 협상을 유리하게 이끌고 독일 군부를 지키려면 패전 책임을 문민 정부에 씌워야 한다고 말하였다. 독일군은 계속 승리하고 있었는데 좌파 세력이 독일군을 배신하고 항복했다는 이른바 '등 뒤의 비수 전설'은 이렇게 탄생하였다.

그래서 10월 1일 제정 최후의 총리인 프린츠 막시밀리안(Prinz von Baden Maximilian : 1867~1929)이 이끄는 내각이 성립하였다. 그는 짧은 기간이었지만 헌법의 민주적 개혁을 실시하였고 제정을 유지하면서 최대한의 민주화가 실행되도록 민주적 입헌군주제를 채택하였다. 그리고 군부의 반대에도 불구하고 전승 연합국 측의 무조건 항복 요구를 받아들였다.

또한 독일의 패전과 국민의 궁핍에 대한 책임을 물어 루덴도르프를 국외로 추방하고 황제 빌헬름 2세(Wilhelm Ⅱ : 1859~1941)에게 퇴위와 제위상속권 포기를 요구하였다. 하지만 황제가 자발적인 퇴위를 거절하였기 때문에 문제가 해결되지 못하였다.

이런 상황에서 10월 말에 해군 지도부가 실패할 것이 분명한 공격 명령을 내렸다. 이에 수병들은 자신의 목숨을 스스로 구하기로 결정하고 11월 3일 킬 항구에서 처음 봉기를 일으켰다. 수병들에 이어 노동자들도 호응해 봉기에 가담하면서 노동자·병사 평의회가 구성되었고,

이 기구가 11월 4일 킬의 실권을 장악했다. 이를 '킬 군항의 반란'이라고 한다.

마침내 11월 7일 독일 제국 제정이 붕괴되고 의회민주주의를 지향하는 공화국이 탄생하였다. 이른바 '11월 혁명'의 시작이었다. 11월 9일에는 베를린에서도 혁명이 성공하였다. 결국 막시밀리안은 민주공화파인 사회민주당 당수 프리드리히 에베르트(Friedrich Ebert : 1871~1925)에게 전권을 위임하고 사퇴하였다. 에베르트는 임시 대통령으로 선출되었다.

그러나 에베르트 정권은 자본주의를 유지하면서도 지배 세력이었던 구舊관료나 군부를 될 수 있는 한 보존하려는 생각을 가지고 있었다. 그러자 같은 당원이었던 필립 샤이데만(Philipp Scheidemann : 1865~1939)이 독단적으로 공화제를 선포하였다. 반대파인 좌익급진파에게 주도권을 주지 않으려는 의도를 갖고 결행한 일이었다.

이들은 언론의 무제한적인 자유, 20세 이상 남녀의 보통선거권, 반동적 모든 법령의 폐지 등을 주창하였다. 하지만 실권은 제정 시대의 고급관리와 대자본가 진영의 전문가들에게 장악되었다.

좌익급진파는 그해 12월 말부터 이듬해 1월 중순에 걸쳐 반란을 일으켰으나, 민주공화파의 지원병 부대에 의해 진압되었다. 1919년 1월 19일에 실시된 총선거에서는 민주공화파인 사회민주당 163석, 민주당 75석, 중앙당 91석을 얻었다. 이에 반해 반대파인 좌익급진파는 독일인민당 19석, 독일 국가인민당 44석, 독립 사회민주당 22석 등을 얻었다. 민주공화파의 승리였다.

2월 6일에는 에베르트가 의회에서 대통령으로 정식 선출되었고, 샤이데만을 총리로 하는 민주공화파 3당의 연립정부, 즉 바이마르 연합이 탄생하였다. 곧 영국·미국·프랑스 등의 자본가에 의해서 바이마르 연립정부에 대한 국제적 지지가 이어졌다. 이어 6월 28일에는 베르사유 조약이 조인되었으며, 8월 14일에는 민주공화헌법, 즉 바이마르 헌법이 발효하게 되었다.

이로써 과격 혁명 노선은 약화되어 1919년 8월 11일에 혁명은 형식적인 종결을 맞게 되었다. 그러나 이 혁명은 자본주의 사회의 재건이라는 불완전한 형태로 이어졌다. 따라서 나중에 나치가 등장하는 하나의 원인이 되었다.

1913년 11월 7일

프랑스의 작가 알베르 카뮈 출생

"삶의 애착을 다룬 것들로만 내 마음이 내키는 대로 글을 쓰렵니다. 어떤 이들은 보이지 않는 강요에 이끌려 글을 쓰지만 나의 작품은 나의 행복에서 비롯된 것입니다. 비록 그 행복이 잔인할지라도 내 육체가 원하는 대로 헤엄치듯이 글을 쓸 것입니다."

-알베르 카뮈

알베르 카뮈(Albert Camus : 1913~1960)는 1913년 11월 7일 프랑스의 식민지였던 북아프리카의 알제리에서 태어났다. 그는 제1차 세계대전으로 아버지를 일찍 여의고 외가에서 자라났다. 가난한 집안 형편으로 어렵사리 혼자서 공부를 한 카뮈는 알제 대학 철학과에 들어가 그리스 철학을 전공하였다.

재학 시절 장 그르니에(Jean Grenier : 1898~1971) 교수와의 만남을 통해 그는 철학과 문학 세계에 커다란 영향을 받았다. 당시 프랑스 식민 지배에 항거하는 알제리의 독립 운동이 거세게 일어났으나 프랑스 국적의 카뮈는 도울 길이 없었다. 고민 끝에 공산당에 들어가 활동하였지만 별다른 성과를 얻지 못한 채 탈당하였다.

카뮈는 어릴 적 결핵에 걸렸었기에 철학 교수의 꿈을 접어야 했고 제 2차 세계 대전이 일어나 군대에 자원했지만 같은 이유로 거부당하였다.

자유기고가로서 활동하던 중 1942년에 대표작 『이방인』을 발표하였다. 이 소설은 1940년에 완성한 작품이었지만 제2차 세계 대전이 한창이었기 때문에 2년이 지난 후에야 발표할 수 있었다.

『이방인』의 주인공 뫼르소는 알제리의 식민지 상황을 지지하지도 거부하지도 않으며 별다른 반응을 보이지 않았다. 이로 인해 식민주의에 대한 암묵적인 동의로 평가받아 카뮈는 한때 식민주의 옹호자라는 비판을 받기도 하였다.

카뮈의 작품에서 나타나는 '부조리不條理'한 인간은 부조리를 인식한 채 살아가는 사람을 말한다. 사회 비판적인 기사와 논설로 인해 정치적인 탄압을 받은 카뮈는 당시 프랑스의 대표적인 지식인인 앙드레 말로(Andre Georges Malraux : 1901~1976)·앙드레 지드(Andre Paul Guillaume Gide : 1869~1951)·장 폴 사르트르(Jean Paul Sartre : 1905~1980) 등과 친분을 나누었다.

1956년에 『전락』을 펴내고 다음 해 44세의 비교적 젊은 나이에 노벨 문학상을 수상하였다. 그의 첫 번째 장편소설인 『최후의 인간』을 써 나가던 중인 1960년 1월 4일 불의의 교통사고로 세상을 떠났다.

주요 작품으로 『시지프스의 신화』 『페스트』 등이 있다.

* 1960년 1월 4일 '프링스 작가 알베르 카뮈 사망' 참조

1931년 11월 7일

중국 국영 통신사 신화사 설립

중국 국영 통신사인 신화사新華社가 강시성江西省 서금瑞金에서 1931년 11월 7일 첫 번째 뉴스를 보도하였다. 설립 초기의 명칭은 홍색중화통신사였으며 줄여서 홍통사紅通社로 불렀다. 1937년부터 신화통신사로 바꾸고 신화사라고 부르고 있다.

방송 초기에는 소수의 인원으로 시작했지만 국공합작과 중화인민공화국 성립 등을 거치면서 급속도로 규모가 확대되었다.

현재 중국 국내외 뉴스를 종합하여 대중에게 보도하는 한편 전 세계의 정보를 신속하게 중국 고위층과 정부 기관에게 전달하는 기능도 수행하고 있다.

11월 8일

1965년 11월 8일

영국, 사형제를 폐지하다

"국가가 사형 제도를 법적으로 인정하면서 살인하지 말 것을 가르
칠 수는 없다."

-체사레 베카리아

1989년 5월 우리나라에서 사형 제도 폐지를 주장하는 사형 폐지 운동협의회가 결성되었다. 이후 종교계와 학계, 그리고 법조계 인사들이 가세하면서 사형 제도가 위헌임을 청구하는 헌법소원 등이 제기되었으며, 사형을 반대하는 서명 운동이 활발하게 전개되었다.

김영삼 정부 말인 1997년 12월 30일 사형수 23명에 대한 집행이 이뤄진 이후 2012년 10월 현재까지 단 한 번도 사형 집행이 없어 '사실상 사형제 폐지 국가'가 됐다. 하지만 아직은 사형 제도를 유지하자는 의견이 더 우세해 존속되고 있다.

옛날부터 형벌의 기본 원칙은 '행한 대로 돌려 준다'는 것에 바탕하고 있었다. 더구나 흉악범을 가둬 놓을 시설이나 예산이 충분하지 않았으므로 사형 제도도 유지가 되었다.

중세 때에는 '마녀'라는 미명 아래 산 채로 불태워 죽이거나 물에 빠뜨려 죽이는 등의 잔혹한 수법의 사형이 공개적으로 이루어지기도 했다.

하지만 18세기에 인간의 존엄성을 강조하는 계몽사상이 유럽을 지배하면서 사형이 줄어들기 시작했다. 그리고 이탈리아 형법학자 체사레 베카리아(Cesare Bonesana Marchese di Beccaria : 1738~1794)는 1765년에 쓴 『범죄와 형벌』을 통해 사형제 폐지를 처음으로 주장했다. 베카리아는 이 책을 통해 사형 제도는 국가 형벌권의 남용이며 오용이라고 말하였다.

그리고 19세기에 베네수엘라, 코스타리카 등 여러 중남미 가톨릭 국가들이 사형제를 없앴다. 이에 따라 20세기에 들어서면서 사형제 폐지 목소리가 더욱 높아졌다

1961년 인권 옹호 활동을 하는 비영리 국제기구인 국제 사면 위원회Amnesty가 출범하였는데, 이 단체는 특히 사형제 폐지 운동을 펼쳐 주목

을 받았다. 이에 1965년 11월 8일 영국이 사형 제도를 폐지하였다. 아이슬란드나 모나코 같은 소국을 제외한 유럽의 주요 국가로서는 최초의 일이었다.

1977년 12월 국제 사면 위원회는 사형에 무조건 반대한다는 '스톡홀름 선언'을 발표했다. 그러자 16개국이 그 주장에 동의하여 서명하면서 사형제 폐지가 국제적으로 주목받기 시작했다.

이후 1988년 유엔 인권 위원회가 사형 폐지에 관한 결의안을 채택했으며, 유럽 연합EU은 사형제 폐지를 회원국 가입 선결조건으로 규정하였다. 이에 터키는 EU에 가입하려고 2002년 8월 사형제를 없앴다. 그 뒤 유럽에서는 대체로 좌파 정부들의 주도로 사형 제도가 벨라루스를 제외하고는 모두 폐지되었다. EU의 이 같은 사형 폐지 움직임은 국제 연합UN으로까지 확대되었고, 2007년 UN 총회는 사형 집행 중단 결의안을 통과시켰다.

하지만 사형제의 존폐는 여전히 논란거리다. 죽음으로 죄를 값게 해야 할지, 갱생 기회를 줘야 할지에 대한 논란이다. 존치론자는 사형의 존치를 통하여 잠재적 범죄자에 대한 예방과 함께 중범자에 대한 응보로 사회정의를 달성할 수 있다고 주장한다. 반면에 폐지론자들은 사형의 범죄 억지력이 없고, 오판의 가능성으로 인하여 억울한 죽음이 있을 수 있으며, 정치적으로 악용될 소지를 제공한다는 점에서 사형 제도를 반대한다.

한편 국제 사면 위원회에 따르면 2012년 현재 사형을 폐지, 또는 사실상 폐지하고 있는 나라는 140개국이며 사형존치국은 58개국이다. 그리고 1만 8,750여 명의 사형수가 존재한다.

1960년 11월 8일

케네디, 미국 대통령 선거 당선

"우리는 오늘 한 정당의 승리를 축하하는 것이 아니라 자유를, 즉 개막과
아울러 폐막을 상징하고 변화와 더불어 쇄신을 의미하는 자유를 축하하는
것입니다."

-케네디의 대통령 취임 연설

존 피츠제럴드 케네디(John Fitzgerald Kennedy : 1917~1963) 상원의원
은 1960년 1월 기자회견을 열어 대통령 선거 출마를 선언했다. 언론에
서는 2년 동안의 상원의원 경험만으로는 부족하고 대통령이 되기에는
젊은 나이라며 부통령 후보 출마를 권유하였다.

신교도가 대다수인 미국에서 가톨릭교도가 대통령을 하겠다는 것은
무모한 짓이라는 의견도 나왔다.

하지만 자신의 결점을 숨기지 않고 정면으로 부딪친 케네디는 그해
11월 8일 미국 역사상 첫 번째 아일랜드계 가톨릭교도이자 최연소 대
통령으로 당선되었다.

케네디는 당선의 기쁨을 만끽했지만 3년 후인 1963년 11월 22일 리
하비 오스월드(Lee Harvey Oswald : 1939~1963)에게 암살되었다.

* 1960년 9월 26일　'케네디와 닉슨, 역사상 최초로 대통령 후보 TV 토론회
　개최' 참조
* 1963년 11월 22일　'미국의 케네디 대통령 암살당하다' 참조

1997년 11월 8일

중국 싼샤 댐 제1차 물막이 공사 완료

1993년에 공사를 시작하여 2009년에 완공된 싼샤三峽 댐은 높이 185m, 길이 2,331m, 최고수위 175m의 총 저수용량 393억t에 달하는 세계 최대 규모의 초대형 다목적댐이다.

1997년 11월 8일에 제1차 물막이 공사가 끝났고, 6년 후인 2003년에 전체 물막이 공사가 완료되었다.

그러나 중국은 이미 2만 개 이상의 댐을 보유했음에도 싼샤 댐의 건설을 무리하게 몰아붙였다. 댐 건설로 수많은 유적과 자연 생태계가 물속에 잠기고 양쯔 강 상류 지역은 토사의 퇴적으로 홍수 발생 위험이 높아졌다.

삶의 터전을 잃은 100만 명이 넘는 이주민까지 생겨나 사회 문제가 되기도 했다.

* 2003년 6월 1일 '세계 최대 수력 댐 중국 싼샤 댐 저수 시작' 참조

11월 9일

1989년 11월 9일

독일 베를린 장벽이 붕괴되다

"나는 당시 텔레비전으로 그 광경을 보면서 매우 흥분했다. 마치 독일 대표팀이 축구에서 이겼을 때의 기분이었다. 나는 내 눈을 의심했다. 서독 정부의 선전 광고이거나 특집 몰래카메라로 사기치는 것이라고 믿었다. 약간 쇼크를 먹긴 했지만 솔직히 너무 기뻤다."

-베를린 장벽 붕괴 당시 서독 시민의 말

독일 제국의 수도였던 베를린에 1961년 8월 13일 동독 정부에 의해 동서로 가로지르는 장벽이 설치된 이후 베를린 장벽은 대표적인 동서 냉전의 상징물로 자리 잡았다.

장벽 설치 전인 동독 성립부터 1960년까지 동독인 250만 명이 서독을 포함한 국외로 떠나갔고, 1961년에는 국경을 넘어 서독으로 가는 동독인의 숫자가 급속도로 늘어났다. 그중에는 동독의 미래를 책임져야 할 지식인들이 상당수 포함되어 있었고 장벽을 세우기 전인 6, 7월에만 약 5만 명이 동독을 떠났다.

위기를 느낀 동독은 장벽을 세워 탈주자를 막았다. 이 때문인지 탈주자가 1961년에 20여 만 명에서 1962년에는 2만여 명으로 감소하였다. 베를린 장벽을 세움으로써 위기를 모면한 동독의 고위관료는 장벽을 세운 1961년 8월 13일이 진정한 건국일이라고 이야기할 정도였다.

하지만 베를린 장벽은 높이 5m의 장애물일 뿐이었다. 동독인들은 베를린 장벽을 통해 또는 다른 국경을 통해 동독을 탈출했다. 물론 큰 고통을 참아야 했고 목숨도 걸어야 했다. 그들은 자동차를 개조하여 엔진 위쪽이나 좌석 밑에 웅크린 채 동독 국경을 통과하기도 했다. 어떤 이는 몇 달에 걸쳐 열기구 풍선을 바느질하여 하늘을 통해 자유를 찾기도 하였다. 베를린 장벽 밑으로 땅굴을 파서 서베를린으로 탈출하는 사람도 있었다.

하지만 맨몸으로 장벽을 넘거나 국경을 건너다가 경비대의 총격에 목숨을 잃은 이들도 많았다. 독일 정부는 장벽을 넘다가 숨진 숫자가 109명이라고 했지만 베를린 장벽을 연구하는 단체인 '8월 13일 모임'은 254명이라고 주장하였다.

베를린 장벽이 무너지기 몇 년 전까지 독일은 자본주의와 공산주의 두 체제를 굳건히 유지하고 있었다. 에리히 호네커(Erich Honecker : 1912~1994)의 독일 민주공화국과 콜(Helmut Kohl : 1930~)의 독일 연방공화국은 동서로 나뉜 채 상호간의 경제와 사회 교류에 만족하고 있었다.

그러나 동유럽 사회주의 국가에 불어 온 개혁의 바람은 냉전 체제를 뒤흔들었다. 1985년 미하일 고르바초프(Mikhail Sergeyevich Gorbachyev : 1931~)가 소련의 당서기장에 취임한 후 미국의 로널드 레이건(Ronald Wilson Reagan : 1911~2004) 대통령과 회담을 열어 양 대국의 신뢰를 나타내고 군비축소에 합의하였다. 고르바초프는 페레스트로이카와 글라스노스트로 함축된 개혁과 개방 정책을 펴나갔다.

이러한 사회주의 국가의 변화를 느낀 동독인들은 점차 보다 많은 자유와 개혁을 외치기 시작하였다. 1988년 동베를린에서는 동독 설립 후 최초의 평화 집회가 열렸고 연말에 이르러서는 베를린 장벽의 철폐를 요구하였다. 1989년 1월 호네커는 불리한 상황을 애써 거부하려는 듯이 말하였다.

"베를린 장벽은 처음 세웠을 때의 조건이 변하지 않는 한 앞으로 50년 혹은 100년 동안 유지될 것이다."

그러나 헝가리는 동독을 탈출하려고 하는 동독인들에게 국경을 개방하여 수천 명이 오스트리아를 지나 서독으로 망명하였다. 이 사실을 전해 들은 동독인들이 정부를 규탄하며 대규모 시위를 벌이자 호네커는 물러날 수밖에 없었다.

호네커의 퇴진에도 불구하고 반체제 시위는 더욱 커지기만 하여 11월 4일 100만 명의 시위대가 동베를린으로 몰려들었다. 이것은 10월

16일 카이프치히에서 12만 명이 민주화 시위를 벌인 지 불과 2주 만에 급속도로 숫자가 늘어난 것이다.

11월 9일 동독 공산당의 정치국원이며 선전 담당 비서인 샤보브스키는 충격적인 발표를 하였다.

“지금부터 동독 국민들은 모든 국경을 건너 자유롭게 해외로 나갈 수 있습니다.”

이 발표를 방송을 통해 들은 동독인들은 자신의 귀를 의심했다. 그러나 곧 하나둘 서베를린으로 가는 길에 있는 검문소로 몰려들기 시작하였다. 통제가 불가능할 정도로 사람들이 밀려와 경비병들은 우왕좌왕하며 어쩔 줄을 몰랐다. 상부의 명령이 없었기에 통행을 허용할 수 없었지만 자칫 발포했다가는 더 큰 화를 부를 만한 위기 상황이었다.

소식을 들은 서독은 동독의 국경 개방을 기뻐하며 축배를 들었고 서독 전역은 흥분의 도가니로 변하였다. 서베를린의 주민들도 베를린 장벽으로 몰려들어 동독의 반응을 주의 깊게 살펴보았다. 사실 샤보브스키는 국경 개방 시기를 착각했었고 동독 정부는 그때까지 국경 개방에 대한 결정을 내리지 못하고 있었다.

오후 10시 경, 드디어 장벽 통제선은 무너지고 동독인들이 밀물처럼 동베를린 검문소를 넘어오기 시작하였다. 장벽을 뚫고 넘어온 사람들은 서베를린 주민들과 부둥켜안고 기쁨을 만끽하며 샴페인을 터뜨렸다. 흥에 겨워 춤을 추는가 하면 곡괭이로 장벽을 부수어 우레와 같은 박수를 받기도 했다.

베를린 장벽의 붕괴는 사실상 독일의 통일을 뜻하였다. 동서독은 필

요한 몇몇 법적 준비 과정을 거쳐 1990년 10월 3일 0시를 기하여 통일
하였다.

* 1949년 5월 23일 '독일 연방 공화국 수립' 참조
* 1949년 10월 7일 '독일 민주 공화국 수립' 참조
* 1961년 8월 13일 '동독, 베를린을 동서로 나누다' 참조
* 1990년 10월 3일 '동독과 서독이 통일되다' 참조

1938년 11월 9일

독일, '제국 수정의 밤' 발생

1938년 11월 9일 나치는 대대적인 유대인 탄압을 시작하였다. 유대
인 교회와 점포 그리고 집들이 불에 타 약탈당하고 유대인 소유의 건물
유리창이 산산조각 났다.

이 사태로 90여 명의 유대인들이 목숨을 잃었으며 250여 개의 유대
교회가 불길에 휩싸여 전체 피해액은 10억 마르크에 달하였다.

유대교회가 불에 타고 있었지만 나치 당원과 소방대원들은 팔짱만 긴
채 불 구경을 했고 이에 항의하는 독일인은 보이지 않았다.

깨진 건물의 유리창이 불길에 수정水晶처럼 빛났다고 하여 나치는 이 날
을 '제국 수정의 밤'이라고 불렀다.

이 사건은 17세의 독일계 유태인 청년 헤르셸 그린슈판이 파리 주재 독
일 대사관의 에른스트 폼 라트 서기관을 암살한 것에 대한 보복이었다.

그러나 유대인의 수난은 여기서 끝나지 않았다. 피해 입은 유대인이

보험금을 수령하려고 하자 경제부 장관 괴링은 궤변을 쏟아 놓았다. 유대인의 보험금 및 재산을 리트의 암살에 대한 배상금으로 사용한다며 몰수한 것이다.

이 사건은 이후 뉘른베르크 전범 재판에서 추궁되었다.

1993년 11월 9일

국제연합 난민 고등 판무관실, 세계 난민 상황 첫 보고

국제 난민 기구IRO의 뒤를 이어 1951년에 창립된 국제연합 난민 고등 판무관실UNHCR이 1993년 11월 9일 난민 상황에 대한 첫 보고를 하였다.

이 보고에 따르면, 전 세계 난민이 10년 전과 비교해 1,100만 명에서 1,820만 명으로 늘었으며, 2,400만 명이 삶의 터전을 잃었다.

가장 많은 수는 720만 명의 아시아이고 그 다음은 540만 명의 아프리카였으며, 360만 명의 유럽이 그 뒤를 이었다. 또한 전 세계적으로 매일 1만 명의 난민이 발생한다.

난민 발생의 주요 원인은 국가 간의 분쟁이 아닌 국가 내부의 민족 · 종교 갈등이며, 다음으로는 식량 부족이라고 보고하였다.

한편 난민에 대한 관심을 촉구하기 위해 국제연합UN에서는 2000년부터 매년 6월 20일을 '세계 난민의 날'로 정해 지켜오고 있다.

* 1948년 8월 20일 '국제 난민 기구 창설' 참조

11월 10일

1965년 11월 10일

중국의 야오원위안,
'해서 파관에 관한 비평'을 발표하다

장칭은 1967년 4월 군사위원회 회의에서 '해서파관 비평'을 만들었던 비밀을 털어놓았다. "마오쩌둥 주석의 허가를 받아 그 비평의 작성을 지시했고, 장춘차오 · 야오원위안 동지와 함께 8개월에 걸쳐 비밀리에 만든 것이오."라고 밝힌 것이다.

징칭(江靑 : 1914~1991)의 지시를 빋은 딩시 「해방일보」의 편집위원 야오원위안(姚文元 : 1931 · 2005)이 '헤서 파관 비평'을 1965년 11월 10일 「문회보」, 12일 「해방일보」에 발표하였다.

「해서 파관海瑞罷官」은 당시 베이징 부시장인 우한(吳晗 : 1909~1969)이 명나라 역사를 배경으로 쓴 경극京劇의 극본이었다. 우한은 역사학자이자 작가로서 명십삼릉明十三陵 발굴에 앞장서고 명나라 태조 주원장(朱元璋 : 1328~1398)의 일대기를 쓴 인물이었다.

우한은 마오쩌둥(毛澤東 : 1893~1976)이 명나라의 '해서海瑞'에 대해서 관심을 갖자 1960년 그를 주인공으로 삼아 극본을 썼던 것이다. 해서(海瑞 : 1514~1587)는 명나라 말기 백성들을 대신하여 조정에 상소문을 올리다가 파직당하고 감옥에 갇혔던 인물이었다.

야오원위안은 우한이 봉건시대 관리를 영웅화하여 지주계급 시대를 미화했다고 비난하였다. 사실상 야오원위안의 비평은 대약진운동 실패를 비판하다 국방부장관에서 물러난 펑더화이(彭德懷 : 1898~1974)와 그를 지지했던 당 내부 세력 척결을 염두에 둔 것이다. 왜냐하면 마오쩌둥이 펑더화이를 숙청한 일을 우한이 「해서 파관」을 통해 비판한다고 생각했기 때문이다.

결국 우한은 문화대혁명이 일어난 후 1968년에 고문을 받고 1969년 차가운 감옥에서 쓸쓸히 일생을 마쳤다. 당내 서열 2인자인 류사오치(劉少奇 : 1898~1969)나 3인자인 저우언라이(周恩來 : 1898~1976)도 비평 발표 이전에 아무런 얘기를 전해 듣지 못하였다.

베이징 시장인 펑전(彭眞 : 1902~1997)이나 당 중앙 선전부장 루딩이(陸定一 : 1906~1996)도 마찬가지로 우한이 5년 전에 쓴 작품을 뒤늦게 베이징도 아닌 상하이에서 비평한 것에 대해 불만을 가졌다. 펑전은 베이징의 주요 신문에 야오원위안의 글을 싣지 못하도록 압력을 가하기도 했다.

하지만 11월 28일 저우언라이의 권유로 당 중앙 선전부와 베이징 당 위원회에서 야오원위안의 비평을 옮겨 실을 수 있도록 허가할 수밖에 없었다.

야오원위안의 글이 중국을 뒤흔들 당시에는 알려지지 않았지만 마오쩌둥은 장칭의 계획을 오래 전에 전해 들은 것으로 알려졌다. 마오쩌둥은 '해서 파관 비평'을 사전에 두세 번 읽은 후 장칭에게 중앙 간부들에게 보여 주라고 말했다. 장칭은 류사오치와 덩샤오핑(鄧小平 : 1904~1997) 같은 사람들은 이 비평을 반대할 것이니 곧바로 상하이에서 발표하겠다고 하였다.

'해서 파관 비평'은 대약진운동이 끝난 후 한 발 뒤로 물러나 있던 마오쩌둥이 장칭을 시켜 재집권하기 위한 구실이 되었다.

장칭은 이것을 류사오치를 비판하는 수단으로 이용하였고 중국에서는 문화대혁명의 거센 폭풍이 몰아쳤다.

* 1966년 5월 16일 '중국, 문화대혁명이 시작되다' 참조
* 1966년 8월 18일 '중국의 홍위병, 베이징 톈안먼 광장에서 문화대혁명 행사를 실시하다' 참조

2001년 11월 10일

중국, 세계 무역 기구 가입

아시아 경제 위기로 수출과 외국 투자가 줄어들자 중국은 세계 무역 기구 WTO 가입을 적극 추진했다. 장쩌민 국가주석은 이것이 좋은 기회이면서 커다란 도전이 될 것이라고 말했다.

1980년대부터 개혁 · 개방 정책을 도입한 중국은 1986년 7월 '관세 및 무역에 관한 일반 협정GATT'에 가입 신청을 했지만 미국의 반대에 부딪쳤다.

미국은 중국이 지적 재산권을 보호하지 않으며 미국의 중국 무역 적자가 상당히 크다고 주장하였다. 또한 중국의 인권 보호에 문제가 있고 대만을 무력 통일하려고 한다며 가입 반대 이유를 내놓았다.

그 후 1990년 초 중국은 '우루과이 라운드 협상' 과정에서 가입할 수 있었지만 톈안먼 사태로 미국과의 불편한 관계가 지속되어 다음 기회를 엿봐야만 했다. 중국의 WTO 가입의 장애물은 중국 내 국유기업의 독점권 유지, 정부의 각종 규제, 뒤떨어진 서비스 시장 등의 문제가 컸다.

1999년 11월 15일 미국과의 협상이 극적으로 타결되어 중국의 WTO 가입을 반대할 국가는 더 이상 없었다. 그래서 2001년 11월 10일 카타르 도하에서 열린 세계 무역 기구 4차 회의에서 중국의 WTO 가입이 통과되었다. 세계 최대 인구를 가진 중국이 미국 · 유럽 · 일본에 이은 세계 4대 시장으로 등장하는 순간이었다.

* 1947년 10월 30일 '관세 및 무역에 관한 일반 협정이 체결되다' 참조

* 1995년 1월 1일 '세계 무역 기구wto 출범' 참조

1950년 11월 10일

중국, 티베트 관련 각서를 인도에 보내다

1950년 10월 11일 중국은 티베트를 침공하였다. 이에 인도는 세 차례나 중국으로 각서를 보내 인민군의 티베트 진입은 엄연한 침략이라고 비난하며 긴장 분위기를 고조시켰다. 그러자 그해 11월 10일 중국은 인도 정부에 다음과 같이 각서를 보냈다.

'티베트는 중국의 영토로 절대로 분리될 수 없으며 티베트 문제는 중국의 국내 문제이다.'

또한 성명을 발표하여 인민군은 기필코 티베트에 진입하여 티베트 민중들을 해방시킬 것이며 아울러 중국 국경 수호 방침을 지킬 것임을 알렸다.

결국 12월 1일 인민군 2~3만 명이 티베트의 수도 라사에 진주하였다.

* 1950년 10월 11일 '중국, 티베트를 침공하다' 참조

* 1959년 3월 10일 '티베트 전역에서 독립 요구 봉기' 참조

* 1959년 3월 18일 '티베트의 달라이 라마 망명' 참조

11월 11일

11월의 모든 역사

1918년 11월 11일

제1차 세계 대전이 종결되다

'독일군에게 포위가 되어 전멸을 눈앞에 두고 있던 우리는 갑자기 눈앞에 나타난 기사를 보고 깜짝 놀랐다. 기사는 하얀 말을 타고 불이 타오르는 칼을 가지고 있었으며 독일군을 향해 칼을 휘두르며 달려갔다. 그를 지켜본 우리는 엄청남 희망을 가지게 되었다.'

-제1차 세계 대전 당시 영국군의 특공 연대장을 지낸 존 차터리스의 회고록

1914년 6월 28일 오스트리아-헝가리 제국의 프란츠 페르디난트 (Franz Ferdinand : 1863~1914) 황태자 부부가 세르비아 청년 가브릴로 프린치프(Gavrilo Princip : 1894~1918)에게 암살당했다. 이 사건으로 세르비아와 오스트리아-헝가리 제국 간의 갈등이 폭발했다. 당시 황태자 부부는 남부 슬라브족의 해방을 위해 사라예보를 순방 중이었다.

그리고 그해 7월 29일, 오스트리아-헝가리 제국군이 쏜 포탄이 세르비아의 수도 베오그라드에 떨어지면서 전쟁이 본격적으로 발발했다. 이후 이 전쟁은 각국의 이해와 맞물리면서 제1차 세계 대전으로 확대되었다.

제1차 세계 대전 동안 연합국과 동맹국은 모두 참호전에 치중하였다. 그러다 보니 전황은 전쟁 기간 내내 교착 상태를 유지하였다. 그러나 1917년 독일이 무제한 잠수함 작전을 전개하고 이에 미국이 독일에 선전포고를 하면서 전선에 변화가 보이기 시작했다.

그 무렵 러시아가 볼셰비키 혁명으로 동부전선에서 발을 빼자 승리를 예감한 독일은 미군이 본격 투입되기 전 승리를 확정짓기 위해 1918년 3월 21일 새벽을 기해 총공세를 취했다. 360만 명을 동원해 7월까지 서부전선에서 5차례나 대공세를 펼쳤다. 그러나 필사적으로 맞서는 연합국의 방어벽은 견고했다.

그런데 미군이 하루 1만 명씩 속속 서부전선에 도착하고 연합국이 여세를 몰아 8월부터 전면공세로 전환해 나갔다. 전세가 뒤집힌 동맹국들은 흔들리기 시작했다.

불가리아와 오스만 제국이 먼저 항복했고, 오스트리아-헝가리 제국도 체코 · 슬로바키아 · 폴란드 등이 독립을 요구하면서 와해되기 시작했다. 독일 내부에서도 전쟁에 신물이 난 국민들의 저항이 일기 시작했다.

10월 3일 킬항港에서 일어난 수병 반란으로 점화된 혁명이 독일 전역으로 확산되자 독일 황제 빌헬름 2세(Wilhelm Ⅱ : 1859~1941)는 11월 9일 자리에서 물러나 네덜란드로 망명하였다. 그리고 그 뒤를 이어 총리에 오른 사회민주당 당수 프리드리히 에베르트(Friedrich Ebert : 1871~1925)가 연합국이 내민 휴전 문서에 서명함으로써 제1차 세계 대전은 마침내 마침표를 찍었다. 1918년 11월 11일의 일이었다.

'1918년 11월 11일 오전 11시부로 상호간 군사적 적대 행위를 종료한다.'

독일은 서부전선에 파견한 병력을 2주일 이내에 철수시켜야 했고 한 달 내로 라인 강 동쪽 10km까지 전 병력을 후퇴시켜야만 했다. 또한 독일 서부 지역을 연합국에게 내놓고 무려 1,320억 마르크에 달하는 천문학적인 액수를 배상해야만 했다.

제1차 세계 대전 동안 독일은 전체 인구 6,000만 명 중에 1,100만 명이 전쟁에 동원되어 170만 명 이상이 목숨을 잃었다. 또한 동맹국 측인 터키와 오스트리아-헝가리 제국 등은 차례로 몰락하였다.

한편 1914년부터 1918년까지 4년 4개월간 지속된 전쟁으로 인해 연합국 측은 500만 명의 전사자를 포함해 2,200만 명이 넘는 사상자를 냈다. 동맹국 측은 330만 명의 전사자를 포함해 1,500만 명의 사상자를 냈다. 또한 전쟁 중 굶주림이나 질병, 또는 대량 학살 등으로 많은 민간인이 목숨을 잃었는데 군인 전사자보다 많은 1,300만 명가량으로 추정되었다.

*** 1914년 6월 28일 '오스트리아 페르디난트 황태자 부부, 사라예보에서 암**

살되다’ 참조

* 1917년 4월 2일 ‘미국 대통령 윌슨, 미국의 제1차 세계 대전의 찬전 승인

  을 요청하다’ 참조

2010년 11월 11일

타이완 천수이볜 전 총통, 징역 19년 확정

천수이볜(陳水扁 : 1951~)은 타이완 남부 타이난臺南에서 일용잡부의 아들로 태어났다. 그는 국립 타이완대학 3학년 때 법률고시에 합격해 변호사가 됐다. 그 후 그는 1980년 가오슝 사건 참여자를 변호하면서 정치에 관여하게 되었다.

그리고 2000년 집권 세력인 국민당 세력을 ‘부패 집단’으로 몰아 도덕성과 청렴성을 내세우며 49세의 젊은 나이에 총통에 올랐다. 이후 2008년 5월에 마잉주(馬英九 : 1950~) 총통에게 권력을 이양할 때까지 8년간 타이완을 이끌었다.

그러나 퇴임 3개월 만에 국무 기요비 횡령 사건이 터졌고 수사는 본인과 부인 우수전(吳淑珍), 친지와 총통부 비서들의 뇌물 수수 및 돈세탁 사건으로 확대됐다.

천수이볜 전 총통 부부는 룽탄龍潭 지구 개발과 관련한 직무상 수뢰죄를 인정하여 1심에서 무기징역이 선고되었고, 2심에서 징역 20년으로 감형되었다.

그리고 2010년 11월 11일 타이완 최고법원은 천수이볜에게 징역 19년과 벌금 1억 5,000만 타이완달러를 확정하였다. 그의 부인 우수전에

게는 돈세탁 죄를 추가해 징역 7월을 덧붙여 징역 19년 7월과 같은 액수의 벌금을 각각 확정했다.

1620년 11월 11일

북아메리카 해안에서 메이플라워 서약 체결

1620년 9월 16일 102명의 청교도들이 메이플라워호를 타고 영국의 플리머스 항을 떠났다. 그리고 험난한 바닷길을 헤쳐 두 달여 만에 북아메리카 대륙의 동부 해안에 도착하였다.

육지에 오르기 전인 11월 11일 지도자들은 이른바 '메이플라워 서약 Mayflower Compac'을 맺었다. 그리스도의 이름으로 새로운 법률과 규율을 정하고 이를 지키겠다는 서약이었다.

이것은 1년 후 신대륙에 정착한 것을 기념하면서 '추수감사절 Thanksgiving Day'의 기원이 되었다.

* 1620년 9월 16일 '청교도 102명을 태운 메이플라워호, 영국의 플리머스 항을 출발' 참조

11월 12일

2001년 11월 12일

탈레반, 아프가니스탄의 카불을 버리고 도주하다

탈레반은 2만 5,000여 명의 학생들이 중심이 되어 아프가니스탄 남부 칸다하르에서 1994년 10월에 결성한 수니파派 무장 이슬람 정치 조직이다.

결성 당시부터 군정 세력으로 출발해 1994년에 이미 아프가니스탄 국토의 80% 정도를 장악하였다. 그리고 이듬해에는 수도 카불을 점령하여 14년간 계속된 아프가니스탄 내전과 무장 게릴라 조직인 모자헤딘의 권력 투쟁을 종식시켰다.

2001년 9월 11일 미국 뉴욕 등지에서 테러 대참사가 벌어졌다. 이에 미국은 곧바로 알 카에다의 지도자 오사마 빈 라덴(Osama bin Laden : 1957~2011)을 범인으로 지목하였고, 그해 11월 빈 라덴을 색출한다며 아프가니스탄 전쟁을 시작했다.

미국은 B2 스텔스기, 무인정찰기 프레데터 등 막강한 화력을 내세워 아프가니스탄을 지배하고 있는 탈레반을 격파하였다. 하지만 미국은 이 전쟁에서 집속탄(한 개의 폭탄 속에 또 다른 폭탄이 들어가 있는 폭탄을 말하며, 넓은 지형에서 다수의 인명 살상을 목적으로 하는 대표적인 비인도적 무기)을 마구 뿌려댔다. 또한 모든 폭탄의 어머니로 불리는 대형 폭탄인 MOAB까지 사용하려 했다가 거센 비난을 받았다.

그해 11월 12일 탈레반은 미국의 공격을 견디지 못하고 아프가니스탄의 수도 카불을 버리고 도주했다. 탈레반 지도자 무하마르 오마르는 동부 파키스탄 접경지대로 피신했다. 하지만 미국은 아프가니스탄 침공 5년이 지나도록 빈 라덴을 잡지 못했다. 더군다나 그를 전쟁으로 제거하려 했고 무고한 아프간인들까지 살상한 것에 대해서 비판이 많이 제기됐다. 특히 타국의 집권세력인 탈레반 정권을 무력으로 무너뜨린 것에 대한 비판이 거셌다.

그러나 미국은 아랑곳하지 않은 채 반反소련 독립 항쟁 지도자의 아들로 신망 있는 친미파 지도자였던 하미드 카르자이(Hamid Karzai : 1957~)를 아프가니스탄의 새 대통령으로 내세웠다. 카르자이는 집안의 명망과 미국의 지원 등에 힘입어 과도정부를 이끌었으며, 이후 실시된 선거에서 정식 대통령으로 선출됐다.

카르자이는 중립적인 입장에서 전후 관리 책임을 맡았으나, 아프가니스탄 내 고질적인 정치적 분열과 남부의 계속되는 전투 때문에 정국을 효과적으로 장악하지는 못하였다.

미국 또한 치안유지군ISAF이라는 이름으로 다국적군까지 불러들였으나 탈레반을 완전 제거하는 데에는 실패했다. 단지 2011년 5월 2일, 파키스탄에서 오사마 빈 라덴을 사살함으로써 겨우 체면을 세웠을 뿐이다.

탈레반은 극단주의 때문에 안팎의 비난을 받긴 했으나 여전히 아프간인들의 상당수, 특히 남부 칸다하르를 중심으로 한 지역에서는 높은 지지를 받고 있다.

* 2001년 9월 11일 '미국, 9 · 11 테러 사건이 발생하다' 참조
* 2011년 5월 2일 '테러 조직 알 카에다의 지도자, 오사마 빈 라덴 피살'
  참조

1921년 11월 12일

미국 · 영국 등 9개국, 워싱턴 회의 개막

1921년 11월 12일 미국 · 영국 등 9개국이 참석한 가운데 워싱턴 회의가 개막하였다. 워싱턴 회의는 제1차 세계 대전 이후 처음으로 열린 군비 축소 회의였다.

이 회의를 통해 미국 · 영국 · 일본 · 프랑스 · 이탈리아의 해군 함대 보유량이 결정되었다. 또한 이탈리아를 제외한 4개국의 태평양 지역 해군 군비 증가를 제한하였으며, 영국과 일본 사이에 맺은 동맹을 폐기하여 다른 조약으로 대체하였다.

그리고 일본이 점령한 중국 산둥 반도의 반환과 관련해 중국과 일본

사이에 조약이 맺어짐에 따라 일본의 21개 요구 조건도 폐시되었으며 시베리아에 피견한 일본 군대도 철수하기로 결정하였다.

　이후 3개월간의 회의를 통해 1922년 2월 6일 정식으로 워싱턴 해군 군축 조약을 맺었으며, 1930년 4월에 런던 해군 군축 조약을 통해 재확인하였다. 이 조약은 1935년까지 유지되었다.

　* 1930년 4월 22일 '미국 등 5개국, 런던 해군 군축 조약 체결' 참조

2001년 11월 12일

미국 뉴욕에서 여객기 추락으로 260명 사망

2001년 11월 12일 오전 9시 17분, 미국의 아메리칸 에어라인 소속 에어버스-300 여객기 587편이 뉴욕 시 퀸스 지역 주택가에 추락했다. 뉴욕의 존 에프 케네디 국제공항에서 도미니카 공화국을 향해 이륙한 지 3분 만이었다.

　이 사고로 승객 251명과 승무원 9명 전원이 사망했다. 승객들 가운데 150명은 도미니카 국민이었다.

　미국은 9 · 11 테러에 이은 추가 테러의 가능성으로 최고 경계 태세에 즉각 돌입했다. 그러나 추락 비행기의 블랙박스를 회수해 조사를 한 결과, 기체 결함으로 밝혀졌다.

11월 13일

1956년 11월 13일

미국 법원, 공공버스의 인종 차별은 위헌이라는 판결을 내리다

-지문 채취를 당하고 있는 로자 파크스. 몽고메리의 버스 승차 거부 운동을 촉발시킨 로자 파크스는 이후 흑인 민권 운동의 상징적 인물이 되었다.

미국의 흑인들은 1863년 1월 에이브라햄 링컨(Abraham Lincoln : 1809 ~1865) 대통령의 노예 해방 선언에 따라 백인과 똑같은 권리를 누릴 자격을 획득하였다.

하지만 1950년대 중반까지도 미국 남부에서는 버스 등 공공장소에서 흑백 인종이 함께 있지 못한다는 '짐 크로우Jim Crow' 법이 일반적으로 적용되고 있었다. 짐 크로우는 목화밭에서 일하는 흑인 노예들이 부르던 노래 속 주인공의 이름이다. 흑백 분리를 엄격히 시행하던 미국의 인종 차별주의 정책을 일컫는 말로 사용되고 있다.

그래서 공공버스에는 흑인들이 앉을 수 없는 '백인 전용석'이 있었다. 버스 좌석은 앞쪽이 백인용, 뒤쪽이 흑인용이고 중간은 백인이 없을 때만 앉을 수 있었다. 흑인이 '백인 전용석'에 앉을 경우 10달러의 벌금이 부과되었다. 또한 흑인들은 백인과 나란히 앉아 점심을 먹을 수도, 옆에 앉아 물을 마실 수도 없었다.

1955년 12월 1일 앨라배마 주 몽고메리 시에 사는 흑인 재봉사 로사 파크스(Rosa Louise McCauley Parks : 1913~2005)가 버스에 올라타 백인 전용석에 앉았다. 백인 전용석이 다 차버리자 운전기사는 그녀에게 자리를 비워 줄 것을 요구했다. 하지만 그녀는 일어서지 않았다.

이에 버스기사는 경찰을 불렀고 그녀는 '운전기사가 승객 자리를 지시할 수 있다'는 시市 조례를 위반한 혐의로 경찰에 체포됐다. 그러자 몽고메리 시에 사는 흑인들은 버스 자리를 백인에게 양보하는 것을 거부하는 '몽고메리 버스 보이콧 운동Montgomery bus boycott' 운동을 벌였다.

흑인들은 26세의 흑인 인권 운동가인 마틴 루터 킹(Martin Luther King : 1929~1968) 목사를 몽고메리 개선연합의 대표자로 선출하고 '흑인 차별 철폐' 요구가 받아들여질 때까지 승차 거부를 계속하였다.

12월 5일에 열린 재판에서 파크스는 14달러의 벌금을 내고 구금형을 선고받았다 그러나 흑인들의 계속된 보이콧으로 인해 결국 버스 회사들은 버스의 백인 전용칸과 흑인 전용칸을 폐지하였다.

하지만 몽고메리 시市 당국은 버스 수입이 65%나 떨어지고 장기화된 시위로 피해를 입었다며 킹 목사 일행을 제소했다. 1심에서 유죄가 나오자 킹은 즉각 항소했다.

그 결과, 1956년 11월 13일에 미국 앨라배마 주 몽고메리 시 법정은 '공공버스에서의 인종 차별은 위헌'이라는 판결을 내렸다. 2년 전에 연방대법원에서 흑백을 분리하여 교육하는 것은 위헌이라고 내린 판결이 영향을 미친 것이다.

그리고 10년 뒤 미 의회는 인종 차별을 불법이라 규정한 법률을 마련했다. 1964년에는 공공장소에서의 인종 차별을 금지하는 '민권법Civil Rights Act'도 제정하였다.

* 1954년 5월 17일 '미국 연방대법원, 흑백 분리 교육 위헌 판결' 참조
* 1955년 12월 1일 '로자 파크스, 몽고메리 버스 보이콧에 불을 당기다' 참조

354년 11월 13일

중세 신학자 아우구스티누스 출생

"힘닿는 데까지 하느님이 누구인지 여쭈었습니다. 믿고 있는 바를 이치로 알고자 하나하나 헤아렸습니다. 하느님이시여 나의 주님이시여, 저에게 하나밖에 없는 희망이시여, 제 소원을 들어주시옵소서. 하느님께 진리를

묻는 일이 지치지 않도록 하소서. 하느님의 모습을 찾고자 늘 간절하게 하
소서……."

-아우구스티누스, 『삼위일체론』

아우구스티누스(Aurelius Augustinus : 354~430)는 354년 11월 13일 알
제리아 누미디아에서 태어났다. 아버지는 이교도였으나 독실한 기독교
도인 어머니의 영향으로 개종하였다.

그는 카르타고에서 수사학을 배운 후 8~9년 동안 마니교에 빠지기
도 하였고, 383년 로마에서 수사학을 가르치다가 '쾌락주의Epicurianism'에
물들기도 하였다. 387년 밀란에서 세례를 받은 후에는 고향으로 돌아
가 수도원을 세우며 저술 활동을 시작하였다.

『고백록』은 기독교의 손꼽는 명저로서 그가 마니교에 빠졌다가 회심
할 때까지의 과정이 실려 있다. 이 저술은 그의 경험을 기록한 10권과
성경에 대한 해석을 담은 3권으로 이루어졌다. 삶을 회개하면서 자신
을 죄에서 벗어나도록 구원한 그리스도에 대해 무한한 감사를 드리고
있다.

그 책을 통해 그는 16세 때 또래들과 어울려 놀다가 이웃집 나무에
달린 배를 훔쳐 따먹은 일을 참회하였다. 철부지 시절에 누구나 저지를
만한 실수를 지나치게 드러낸 것을 비웃는 이들도 있다. 하지만 이것은
당시 이웃집 배를 훔쳐 먹을 정도로 배가 고프지 않았는 데도 배를 훔
친 것에 대한 참회였다.

"분명 죄는 잘못된 것임에도 불구하고 나는 죄 짓기를 사랑하였다. 죄 지
을 대상을 찾은 것이 아니라 죄 그 자체를 사랑했던 것이다."

이처럼 아우구스티누스는 죄를 저지른 것이 우연이 아닌 자신의 의지로써 스스로 선택하고 결정한 것으로 보았다. 아우구스티누스는 타락하기 전의 아담에게는 죄를 짓지 않는 능력과 죄를 지을 수 있는 능력이 모두 존재했다고 하였다. 자만과 불신으로 인해 아담은 영원한 생명과 죄를 짓지 않는 능력을 잃어버렸는데, 타락한 인간에게는 죄를 짓도록 하는 강요만 이어지며 죄를 짓지 않는 능력은 죄를 지을 수밖에 없는 능력으로 바뀌었다는 것이다.

또한 아우구스티누스는 인간이 죄를 짓는 것은 아담의 원죄原罪가 후세로 유전됐기 때문으로 생각하였다. 그래서 갓난아기는 스스로 지은 죄는 없지만 그들에게도 원죄가 유전되었기에 '유아 세례'의 필요성을 강조하였다.

대표적인 책으로 『고백록』『자유의지론』『삼위일체론』『교사론』『신국론』 등이 있으며 430년 세상을 떠날 때까지 117권을 저술하였다.

1980년 11월 13일

미국 우주탐사선 보이저 1호 토성 촬영

1977년 9월 5일 지구를 떠난 보이저Voyager 1호는 약 18개월 후 목성을 거쳐 다음 해 11월 토성을 지나갔다. 보이저 1호는 11월 3일 토성 1,300만km 부근에서 토성의 위성 테티스Tethys와 디오네Dione를 촬영하고 11월 13일 12만 4,000여km까지 접근하여 토성을 근접 촬영하였다.

보이저 1호가 지구로 보내는 전파는 무려 1시간 반이 걸려야 도착할 정도로 머나 먼 곳이었다.

보이저 1호는 1989년 8월 명왕성 궤도를 빗어난 후 계속해서 태양계 밖이 또 다른 외계 탐사를 위헤 끊임없이 날아가고 있다.

2012년 현재도 활동하고 있으며, 2025년이 되면 수명이 다할 것으로 예측되고 있다.

11월 14일

프랑스의 인상파 화가 모네가 태어나다

-모네가 1867년에 그린 「정원의 여인들」. 이 그림은 네 명의 여인들이 한자리에 모인 모습을 보고 그린 것이 아니다. 모델 출신이었던 모네의 첫 번째 아내 카미유가 남편의 작품을 위해 의상을 여러 차례 갈아입고 각각의 다른 포즈를 취한 모습을 화폭에 담았다.

클로드 모네(Claude Monet : 1840 -1926)는 1840년 11월 14일 프랑스 파리에서 태어나 르아브르에서 어린 시절을 보냈다. 그림에 재능이 많아 마을에서 실력을 인정받았고 같은 도시에 살고 있었던 화가 외젠 부댕(Eugene Boudin : 1824~1898)을 만나 본격적인 화가의 길을 걸었다.

그리고 부모의 반대를 무릅쓰고 화가가 되고자 19세 때 파리로 가 스위스 아카데미와 글레르 스튜디오에 들어갔다. 모네는 그곳에서 프레데릭 바질(Jean Frederic Bazille : 1841~1870), 카미유 피사로(Camille Pissarro : 1830~1903), 오귀스트 르누아르(Auguste Renoir : 1841~1919), 알프레드 시슬레(Alfred Sisley : 1839~1899) 등을 만나 교류하였다.

모네는 초기에 귀스타브 쿠르베(Gustave Courbet : 1819~1877)와 에두아르 마네(Edouard Manet : 1832~1883)의 영향을 받아 인물화를 그리고 이후 야외의 밝은 풍경을 그렸다. 1872년 프로이센-프랑스 전쟁이 끝나고 영국에서 귀국한 모네는 파리 근교에서 센 강변의 풍경을 그리며 인상파 특유의 화풍을 만들어갔다.

1873년 아내가 둘째 아들을 출산한 후 폐결핵으로 숨지자 상심에 빠져 노르망디와 대서양 해변을 다니면서 그림을 그렸다. 1874년 파리에서 '화가 · 판화가 · 조각가 · 무명예술가 협회전'을 열어 12점의 작품을 출품하였다. 햇빛에 빛나는 자연을 밝은 색조로 표현하고 팔레트 위에서 물감을 섞지 않는 인상파 특유의 기법을 만들었다.

미술 사조 중 하나인 '인상파印象派'란 명칭은 모네의 작품 「인상 : 해돋이」에서 비롯되었다. 1874년 그 작품을 처음 봤던 사람들은 모네의 새롭고 독특한 회화 기법을 도무지 이해하지 못했다.

"아니 이걸 그림이라고 그린 거야?"

"애들이 낙서한 것이나 다름없군."

다른 화가들과 다르게 사물의 윤곽만 보여 주고 안개가 낀 것처럼 뿌연 풍경만 보여 주었기 때문이다.

당시 전시회를 취재하러 왔던 미술 기자는 모네의 작품명을 빗대어 '인상파 전람회'라는 제목의 기사를 썼다. 그 기자는 모네를 비롯한 함께 작품 전시회에 참가한 다른 화가들까지 '인상주의자들'이라고 부르며 나쁜 평가를 내렸다. 한 유머 주간지는 그들의 전시회를 '베들레헴의 정신병자들이 길바닥에서 주운 돌을 다이아몬드라고 우기는 것처럼 웃기는 것이다.'며 비꼬았다.

사실 모네는 동트는 무렵부터 해가 떠오르기까지 시시각각 변하는 풍경을 빠른 붓놀림으로 그려낸 것이었다. 한 폭의 그림 속에 햇빛이 비치는 각도에 따라 달라지는 모습을 각양각색의 색채로 보여 주었다.

모네는 「루앙대성당」 「수련」 등의 작품에서도 햇빛의 변화를 중시하여 똑같은 풍경을 햇빛이 다르게 비추는 시간대별로 그려냈다. 당시 미술계는 인상주의 화가들을 철저하게 외면하였고, 그림을 팔지 못한 대부분의 인상파 화가들은 경제적인 어려움으로 모진 고생을 겪어야 했다. 다행히 모네는 다른 인상파 화가들보다 장수하여 인정을 받았고, 고령으로 인해 시력을 잃었지만 작품 활동을 계속했다.

주요 작품으로 「파라솔을 든 여인」 「바다」 「정원의 여인들」 「사과와 오렌지」 등이 있다.

모네는 1926년 86세를 일기로 지베르니에서 사망하였다.

1979년 11월 14일

미국, 이란의 자산을 동결 조치하다

1979년 이란 혁명으로 친親미국 성향의 팔레비 왕조가 무너신 이후 이란과 미국의 관계는 급속도로 악화되었다.

이에 이란 정부는 미국 은행에 보관 중인 120억 달러를 인출하여 이란에 대한 경제 제재를 내리지 않은 유럽 국가의 은행으로 옮길 것이라고 발표하였다. 이란 정부의 발표 이후 유럽 금융 시장에서 황금 가격은 치솟았고 미국 달러와 주요 유럽 통화 시세는 급락하였다.

그러자 11월 14일 미국은 즉각 미국 내 이란 정부 소유의 은행 예금을 비롯한 재산 이동을 금지시켰다.

* 1979년 1월 16일 '이란의 팔레비 국왕 이집트로 망명' 참조

* 1979년 2월 11일 '이란 혁명 발생' 참조

11월 15일

1908년 11월 15일

청나라 푸이, 3세의 나이로 황제가 되다

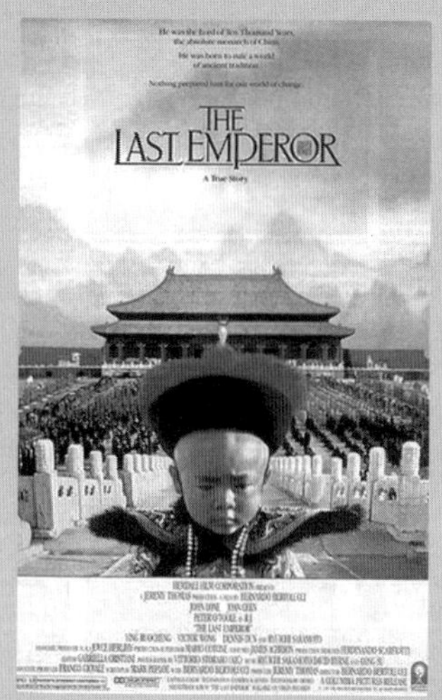

-「마지막 황제」 포스터. 1857년 푸이는 자신의 죄상을 고백하는 형식으로 '내 죄악의 전반생'이라는 반성문을 집필했다. 이것은 1964년에 『나의 전반생我的前半生』이라는 자서전으로 출간되었다. 이 책의 내용을 바탕으로 1987년 이탈리아의 영화감독 베르톨루치는 「마지막 황제L'ultimo imperatore」를 제작하였다.

푸이(溥儀 : 1906·1967)는 1906년 2월 7일 청나라 제11대 황제인 광서제(光緖帝 : 1871~1908)의 동생 순친왕 짜이펑과 서태후(西太后 : 1835~1908)의 측근이자 대학사 겸 군기대신인 영록의 딸 난의 아들로 태어났다. 본명은 아이신줴뤄 푸이愛新覺羅 溥儀다.

1908년 11월 14일 광서제가 사망하자 당시 실질적으로 청나라를 다스리던 서태후는 임종 자리에서 푸이를 동치제(同治帝 : 1856~1874)와 광서제의 후계자로 지명하였다. 동시에 푸이의 아버지 순친왕을 감국섭정왕監國攝政王으로 임명하여 정치의 실권을 위임하였다. 이로써 푸이는 다음 날인 11월 15일부터 3세의 나이로 청나라 12대 황제 선통제宣統帝로 즉위하여 청을 다스리기 시작하였다.

하지만 실질적으로는 순친왕과 광서제의 황후인 융유 황태후(隆裕皇太后 : 1868~1913)가 섭정을 하였다. 순친왕은 황족 중심의 집권화를 노리고 황족이 절대 다수로 구성된 내각을 구성하였다.

하지만 1911년 신해혁명이 일어나면서 청 조정의 실권은 총리대신 위안스카이(袁世凱 : 1859~1916)에게로 넘어갔다. 이때 위안스카이는 난징에 있는 중화민국 임시정부 임시대총통 쑨원(孫文 : 1866~1925)과 협상을 벌였다. 청 왕조를 물러나게 하고 공화정을 선포하는 대신 총통 자리를 물려준다는 약속을 받은 것이다.

이에 위안스카이는 황태후에게 공화정을 수용하라는 협박을 하였고 황족회의에서는 찬반양론이 대립하였다. 숙친왕은 푸이의 퇴위에 격렬하게 반대했지만 황태후는 황제의 퇴위를 결단하였다.

결국 1912년 1월 30일 황태후는 내각에 공화정 선포를 준비하라는 지시를 내렸고, 2월 12일 자금성 양심전養心殿에서 마지막 조회를 열었다. 이 자리에서 황태후는 푸이를 대신해 공화국체의 도입을 위하여 황실의 통치권을 포기하며 만한몽회장滿漢蒙回藏 5족으로 중화민국을 구성한다는 뜻을 담은 퇴위 조서를 공표하였다. 이로써 286년간 중국을 통치한 청 왕조는 멸망하였고, 중국의 마지막 황제 푸이 또한 퇴위하였다.

하지만 푸이는 위안스카이와 맺은 대청 황실 우대 조건에 따라 여전히 자금성 내에 머물며 외국 군주의 대접에 준하여 황제 대우를 받았다. 1917년 6월에는 캉유웨이(康有爲 : 1858~1927) 등의 도움으로 청의 부활을 추진하는 복고적 정변을 일으켜 복위되었다가 7월에 다시 퇴위를 발표하였다. 1924년 11월에는 펑위샹의 쿠데타로 인해 자금성에서 쫓겨나기까지 하였다.

자금성에서 쫓겨난 푸이는 일본 정부의 비호 아래 베이징에 있는 일본 공사관으로 거처를 옮겼다. 이후 일본 정부의 권유로 톈진의 일본 조계租界로 옮겼다. 이때부터 푸이는 만주에 본격적 진출의 기회를 노리고 있던 일본 관동군과 긴밀한 관계를 맺기 시작하였다.

이후 푸이는 톈진에 거주하면서 첸바오첸, 정샤오쉬, 뤄젠위와 함께 청조 복벽에 대한 방법을 의논하였다. 하지만 1931년 숙비 원슈와 이혼하면서는 칭호가 박탈되어 평민이 되었다.

그해 9월 18일 일본 관동군은 류탸오후 사건을 조작해 이를 중국 장쉐량 군대의 소행으로 몰아 군사 행동을 개시하는 이른바 만주 사변을 일으켰다. 그리고 이듬해 1933년 1월 말, 항일 운동이 거센 상하이에서 일본 해군육전대와 중국군의 충돌이 일어나자 3월 1일 일본은 만주국의 성립을 선포하였고, 만주는 일본의 중국 침략 전쟁을 위한 병참기지화 되었다.

이에 3월 9일 푸이는 오족협화의 왕도낙토五族協和的王道樂土를 기치로 내걸고, 괴뢰 국가 만주국을 건국하였다. 그리고 이듬해인 1934년 3월 1

일에 일본의 도움을 빌어 만주국 황제에 즉위하여 깅덕제康德帝기 되었다. 하지만 1945년 8월 15일 일본이 연합국에게 항복을 선언하면서 만주국은 건국 13년 만에 멸망하였고, 푸이 또한 퇴위할 수밖에 없었다.

8월 19일에 푸이는 비행기로 일본에 망명하려 했지만 소련군 공수 부대에 붙잡혀 하바로프스크 강제 수용소에 수감되었다. 1950년에 다시 중화인민공화국으로 인도되어 푸순 전범 관리소에 수감되었다가 1959년 12월에 모범수로 사면되었다.

이후 일반 시민의 생활에 익숙해지기 위한 목적으로 중국과학원이 운영하는 베이징 식물원의 정원사로 근무하였다. 그리고 1964년 중화인민공화국에서 만주족과 한족 사이의 조화를 목적으로 만주족을 대표하여 중국 인민 정치 협상 회의 전국위원으로 선출되기도 하였다.

1966년에 암에 걸렸지만 청조 황제라는 반혁명적 출신 때문에 다수의 병원이 그의 입원을 거부하였다. 겨우 베이징 내의 병원에 입원하지만, 의사들은 푸이를 치료하지 않고 방치하였다. 결국 1967년 10월 17일 푸이는 신장암과 심장병으로 사망하였다.

푸이는 유해는 처음에는 화장되어 베이징 교외의 바바오산 혁명공동 묘지에 매장되었다가 1995년 베이징 남서쪽 허베이성에 있는 청나라 황릉皇陵으로 이장되었다. 2004년에는 민황제愍皇帝라는 칭호와 공종恭宗의 묘호가 추증되었다.

하지만 이것은 공식적으로 인정된 것이 아니며 2012년 현재 중국 정부는 손제遜帝라는 칭호만 인정하고 있다.

*** 1906년 2월 7일 ‘청나라의 마지막 황제, 푸이 출생’ 참조**

1630년 11월 15일

독일의 천문학자 요하네스 케플러가 사망하다

요하네스 케플러(Johannes Kepler : 1571~1630)는 1571년 독일 바일에서 태어났다. 아버지가 돈을 받고 싸우는 용병이어서 여러 도시를 떠돌기도 했으며 때로는 부모와 떨어져 할아버지에 맡겨졌다. 천연두에 걸린 후에는 후유증으로 시력이 나빠져 평생 동안 고생해야 했다.

어렵게 신학교를 졸업한 후 한 학교에서 수학을 가르치던 케플러는 니콜라우스 코페르니쿠스(Nicolaus Copernicus : 1473~1543)의 지동설을 전해 듣고 천문학에 빠져들었다. 케플러는 코페르니쿠스의 지동설을 믿었던 덴마크의 부유한 귀족 티코 브라헤(Tycho Brahe : 1546~1601)가 남긴 연구 성과를 토대로 지동설을 이론적으로 확립시켰다.

티코는 1596년 케플러가 펴낸『우주의 신비』를 보고 케플러를 자신의 천문대로 초청하였다. 불과 1년 정도 함께 연구를 했을 때 티코가 갑자기 죽어 케플러는 그가 남긴 연구 자료들을 모두 물려받았다.

케플러는『새로운 천문학』에서 천동설을 주창했던 프톨레마이오스(Klaudios Ptolemaeos : 85?~165?)와 티코의 화성 궤도 계산에서 오차가 나는 것을 발견하고 그 이유를 찾았다. 케플러는 티코의 연구 결과를 입증하기 위해 8년 동안 70번이 넘는 계산을 해 봤지만 성과를 얻지 못했다. 천체 궤도 형태를 코페르니쿠스가 말한 작은 원 형태에 근거했지만 실패했다.

1609년이 되어서야 마침내 원의 고정관념에서 나와 행성들이 타원형을 그리며 운동한다는 것을 알게 되었다. 그는 숱한 시행착오를 겪은 후에아 타원 궤도를 알아냈고 화성이 태양에 가까울수록 공전 속도가 빨라진다는 것으로 제2법칙을 밝혀냈다.

10년 후 밝혀낸 제3법칙은 행성의 공전 주기와 태양과 행성 간의 거리를 설명한 '조화의 법칙'으로, 태양과 행성의 평균 거리 세제곱이 공전 주기의 제곱에 비례한다는 법칙을 말한다. 케플러의 이 법칙은 훗날 아이작 뉴턴(Isaac Newton : 1642~1727)이 만유인력의 법칙을 발견하는 기초가 되었다. 물리천문학의 발생을 예견했던 케플러는 하늘의 규칙을 새롭게 밝혀낸 후 감격적인 소감을 이렇게 말했다.

"하나님께서는 당신의 위대한 작품을 알아보는 사람이 나타나기를 6,000년이나 기다리시지 않았던가."

저서로는 『굴절광학』(1611)과 『우주의 조화』(1619), 로그를 사용하여 행성의 위치를 계산한 『루돌프표表』(1627) 등을 남겼다.

1630년 11월 15일 길에서 급사하였다.

1920년 11월 15일

국제 연맹, 제1차 총회 개최

1차 세계 대전 패전국에 전쟁 책임을 물은 '베르사유 조약'에 따라 국제 연맹이 창설됐다. 그리고 1920년 11월 15일 스위스 제네바에서 제1회 국제 연맹의 총회가 열렸다.

하지만 이날 국제 연맹을 창설하는 데 주도적인 역할을 한 미국은 공화당의 반대로 참가하지 못했고, 승전국과 중립국 42개 국가만이 참석하였다.

초기의 국제 연맹은 국가 간의 사소한 갈등을 해결하는 등 나름의 성과를 보였다. 하지만 1930년대 들어서면서 파시즘이 대두되자 권위가 점차 약해졌다.

1932년 만주사변을 일으킨 일본에게 철수할 것을 요구하자 일본은 되레 연맹을 탈퇴했고, 독일과 이탈리아도 베르사유 조약 거부, 에티오피아 침략 등을 내세우며 각각 1933년과 1937년에 탈퇴하였다.

1939년 핀란드를 침범한 소련을 축출하는 용기를 보였지만 이미 연맹은 힘을 잃은 상태였다.

이후 국제 연맹은 1946년 4월 18일 공식적으로 해산됐다.

*** 1933년 3월 8일 '일본, 국제 연맹 탈퇴 결정' 참조**

1988년 11월 15일

소련 첫 무인 우주 왕복선 부란호 발사

소련은 1981년 미국의 우주 왕복선 컬럼비아호 발사에 자극받아 우주 왕복선 개발에 박차를 가했다. 그 결과 소련의 1,100여 개 업체가 참가하여 1988년 11월 15일 소련 최초의 무인 우주 왕복선 부란Buran호를 발사하였다.

부란호는 외형상으로는 미국 왕복선과 흡사했지만 무게가 가볍고 착륙이 손쉬웠다. 그래서 지구 궤도를 두 바퀴 돌고서 무사히 귀환히였다.

　　하지만 이후 부란호는 소련 체제의 붕괴와 예산 부족으로 인해 무용지물이 되어 모스크바 고리키 공원에 전시되었다.

　　* 1986년 4월 12일 '미국, 첫 유인 우주왕복선 컬럼비아호 발사' 참조

11월 16일

1532년 11월 16일

에스파냐의 프란시스코 피사로, 잉카제국을 침략하다

꽤 높이 올라갔는데도 폐허 같은 것은 없었다. 모두가 몹시 지쳤다. 그때 인디언 몇 사람이 샘물을 담은 호리병을 가지고 다가왔다. 물을 정신없이 들이켜고 가슴 가득히 맑은 공기를 들이마시자 정신이 한결 맑아졌다.

인디언들은 조금 더 가서 산모퉁이를 돌면 폐허가 있다면서 한 소년을 딸려 주었다.

-하이럼 빙엄, 『잉카의 잃어버린 도시』

잉가제국은 13세기 초 페루의 한 고원에서 기원하였다. 오늘날의 에 콰도르, 페루, 남서 중앙 볼리비이, 북서 이르헨티니, 북 칠레, 그리고 콜롬비아 남부 등 안데스 산맥을 중심으로 1,600km에 이르는 광대한 영토를 가지고 있었으며 15세기부터 16세기 초까지 전성기를 누렸다.

그들은 태양신을 숭배의 대상으로 섬겼으며, 최고 지도자인 잉카는 태양의 아들을 의미하였다. 잉카제국은 잉카 왕실의 혈통인 귀족 계급을 기반으로 통치한 계급사회였고 철저한 중앙집권적 전제 정치 체제였지만, 평민을 위한 사회보장이 튼실했다. 그래서 잉카제국의 정체政體를 '신권적 사회주의' '사회주의 제국'이라고 부르기도 한다.

잉카제국에는 다양한 건국 신화가 있다. 그중에 하나는 다음과 같다.

창조의 신 티키 비라코차에겐 8명의 자녀들이 있었다. 그의 4명의 형제들 (아야르 카치 · 아야르 오꼴로 · 아야르 아이카 · 아야르 망꼬)과 4명의 자매들은 다른 곳에 도시를 세우기 위해 빠까리땀보를 떠난다. 여행 중 망꼬와 오꼴로 사이에 신치 로까가 태어난다. 신치 로까는 이들을 쿠스코로 인도한다. 그들은 쿠스코에 새로운 도시를 건설하고, 망꼬 카팍이 쿠스코의 지도자가 된다.

또 다른 건국 신화는 다음과 같다.

태양의 신, 인띠는 깊은 호수 띠띠까까에서 망꼬와 마마 오꼴로를 창조한다. 그리고 그들에게 새로운 도시를 건설할 것을 명한다. 지하 동굴로 쿠스코까지 여행한 망꼬와 오꼴로는 쿠스코에 그들의 첫 번째 왕국을 건설하게 된다.

잉카제국은 신석기 문명 단계에 머물러 있었지만 로마에 비길 만한 전국적 도로망도 갖추었고 뇌수술을 할 정도로 과학도 발달해 있었다. 특히 석조 건축은 정밀했고, 큰 지진도 이겨낼 만큼 견고했다.

하지만 이런 잉카제국에 1532년 11월 16일에 큰 시련이 닥쳤다. 에스파냐 군인 출신의 프란시스코 피사로(Francisco Pizarro : 1475~1541)가 잉카제국의 황제 아타왈파를 만난 자리에서 기습적으로 황제를 체포했던 것이다. 피사로는 아즈텍 문명을 정복한 에르난 코르테스(Hérnan Cortes : 1485~1547)와 함께 16세기 에스파냐의 약탈적 모험가들 가운데 대표적인 인물로 꼽힌다.

결국 피사로는 168명에 지나지 않았던 군대를 이끈 채 8만 명에 달하는 잉카군을 제압하였다. 피사로는 황제에 대해 하느님을 모독했다는 이유로 결박했으며, 수천에 이르던 황제의 군사를 총으로 무력화시켰다. 그리고 황제의 몸값으로 황금은 건네받은 뒤 이듬해인 1533년 8월에 황제를 에스파냐 왕에 대한 반역죄로 처형했다. 그해 11월에는 수도인 쿠스코를 점령해 사실상 잉카제국을 무너뜨렸다.

이에 아타왈파의 배다른 동생인 망꼬 2세가 왕위에 올라 쿠스코 북서쪽 산 속에 진을 치고 에스파냐 군대에 저항을 계속했다. 하지만 1571년에 마지막 잉카 투팍 아마루가 에스파냐군에 처형되면서 40여 년에 걸친 잉카인들의 투쟁은 끝이 났다.

한편 1만 명이나 되는 잉카인들은 에스파냐의 침략을 피해 요새 도시 마추픽추로 숨어들었다. 이들은 사람의 발길이 닿지 않는 해발 4,570m 높이로 우뚝 솟은 안데스 산 중턱에 비밀 도시를 세웠다. 특히 바퀴를 모르던 잉카인들은 흙과 돌을 직접 날랐고 길이가 수백m나 되는 축대를 100개나 쌓았으며, 거기에 흰 회강암을 빈틈없이 이어 벽과

십을 만들었다. 또한 샘에서 수돗물을 끌고, 계난식 밭을 일구어 외부의 도움 없이 살 수 있도록 신전과 묘지까지도 갖추었다.

특히 더욱 깊숙이 숨기 위해 처녀들과 노인들을 마추픽추의 한쪽 묘지에 묻어 버리고 제2의 잉카제국을 찾아 어디론가 사라져 버렸다. 그 후 1911년 미국의 역사학자 하이럼 빙엄(Hiram Bingham : 1875~1956)에 의해 발견되면서 잉카 문명이 세상에 모습을 드러냈다.

* 1521년 8월 11일 '멕시코의 아즈텍 문명, 에스파냐에 의해 멸망되다' 참조
* 1541년 6월 26일 '잉카제국 정복자 피사로 피살' 참조

1940년 11월 16일

독일 나치, 폴란드 바르샤바에 유대인 거주 지역인 게토 설치

게토ghetto는 중세 유럽의 도시에서 유대인들이 모여 살던 지역을 가리키던 말로 그리스도교도와 유대교도와의 교류를 금지한 전통에서 발생한 것이었다.

게토는 18세기 말 이후 사라지는 듯했으나, 독일의 나치 군대가 폴란드를 점령하면서 1940년 11월 16일부터 바르샤바를 비롯한 여러 곳에 다시 게토를 설치하였다. 유대인들은 게토를 자치적으로 운영하였으며, 게토를 나갈 때는 윗저고리에 유대인임을 표시하는 황색의 표지를 해야 했다.

이후 게토의 많은 유대인들은 나치의 반反유대인 정책에 따라 수용

소로 끌려가 학살당하였다. 1943년 4월에는 바르샤바 게토에 거주하는 유대인들이 저항 운동을 일으켰으나 곧 진압되었다.

* 1943년 4월 19일 '폴란드 바르샤바 게토 거주 유대인, 독일에 항거' 참조

2000년 11월 16일

미국 클린턴 대통령, 25년 만에 베트남 방문

미국과 대립하던 베트남 공산당은 1986년부터 '도이 모이doi moi'라는 경제 개방 정책을 시행하면서 발전을 모색하였다.

베트남은 미국과 1995년 7월에 관계를 정상화했으며, 2000년 11월 16일에는 베트남 전쟁 이후 미국 대통령으로는 처음으로 빌 클린턴(Bill Clinton : 1946~) 대통령이 장관들과 미국 경제계 대표들을 이끌고 베트남에 도착하였다. 25년 만의 베트남 방문이었다.

클린턴의 베트남 방문은 미국의 중국 포위망 구축이라는 미국 외교 정책의 하나로 이해되기도 한다.

* 1995년 7월 11일 '베트남, 미국과 외교 관계를 정상화하다' 참조

1900년 11월 16일

미국의 필라델피아 오케스트라, 제1회 콘서트 개막

뉴욕 필하모닉, 필라델피아, 보스턴 심포니, 클리블랜드, 시카고 심포니 오케스트라는 미국을 대표하는 오케스트라로 '빅 파이브'라고 한다.

이 중 필라델피아 오케스트라는 이른바 '필라델피아 사운드'를 만들어 낸 가장 개성적인 음색을 지닌 교향악단으로 이름이 높다.

1900년에 전쟁고아와 미망인을 돕기 위해 필라델피아의 시민들이 중심이 되어 창설하였으며, 1900년 11월 16일에 제1회 콘서트를 개막함으로써 첫 공연을 열었다. 초대 상임지휘자는 독일 출신의 프리츠 쉘이었다.

이후 칼 폴리히, 레오폴드 스토코프스키, 유진 오먼디, 리카르도 무티 등을 거치면서 세계적인 오케스트라로 성장하였다.

11월 17일

1887년 11월 17일

영국 장군 버나드 몽고메리가 태어나다

"장교가 우유부단하면 사태를 위험하게 만들고, 총사령관이 우유부단하면 이는 범죄에 해당한다."

-버나드 몽고메리

버나드 몽고메리(Bernard Law Montgomery : 1887~1976)는 1942년 10월 일 일라메인 진두에시 '사막의 여우'라는 독일군 총사령관 에르빈 롬멜(Erwin Johannes Eugen Rommel : 1891~1944) 장군의 부대를 물리쳐 제2차 세계 대전의 중요한 전환점을 만든 인물이다. 영국의 수상 윈스턴 처칠(Winston Leonard Spencer Churchill : 1874~1965)은 몽고메리에 대해 다음과 같이 평가하기도 하였다.

"알 알라메인 전투 이후 우리는 결코 패배의 맛을 볼 수 없었다."

몽고메리는 1887년 11월 17일 영국 런던에서 태어났다. 학생 시절에는 스포츠를 잘하였지만 팀의 주장을 시켜주지 않으면 경기에 나가지 않을 정도로 고집이 셌다. 1908년 육군사관학교를 졸업한 후에는 인도에서 근무하였다. 제1차 세계 대전 중에는 유능한 지휘관이었지만 부상을 당해 죽을 고비를 넘기기도 했다. 제2차 세계 대전이 발발하였을 때는 사단장이 되어 있었다.

1942년 8월 처칠 수상은 몽고메리를 북아프리카 주둔 영국 제8군사령관으로 임명하였다. 이때 독일의 롬멜은 아프리카의 영국군을 패배시키고 이집트의 알 알라메인까지 진격하여 진지를 구축하고 있었다. 몽고메리는 8군사령관으로 임명받자 단호한 명령을 내렸다.

"모든 철수 계획은 포기하고 장기전에 대비한다. 롬멜군에 맞설 기갑군을 편성한다. 모험 대신 실전을 방불케 하는 훈련을 실시한다. 이상의 명령에 복종하지 않는 자는 처단한다."

8월 31일 밤, 보급난에 몰린 롬멜의 군대가 속전속결로 쳐들어왔다. 하지만 준비하고 있던 몽고메리는 기습 공격으로 물리쳤다. 그리고 병사들에게 강한 훈련을 시키면서 피할 수 없는 결전의 시간을 다시 기다렸다. 그런데 롬멜은 진지를 깊게 팔 뿐 공격해 오지 않았다.

이에 몽고메리는 기습과 기만전술을 바탕으로 공격을 준비하였다. 우선 모조 차량을 전방에 배치했다. 독일군은 처음에 경계하였으나 모조품인 것을 알고 마음을 놓았다. 그리고 몽고메리는 남쪽으로 길게 호를 파서 그곳을 공격할 것처럼 꾸몄다.

드디어 10월 23일 몽고메리가 이끄는 영국군이 기습공격을 하였다. 롬멜이 병에 걸려 독일에서 치료 중이라는 정보를 입수했기 때문이었다. 독일군은 영국군의 주공격 방향이 남쪽인 것으로 판단하고 준비하였으나 3일 후에 이것이 잘못 판단한 것임을 깨달았다. 영국군의 위장 차량도 어느새 실제 작전 차량으로 바뀌어 있었다. 긴급연락을 받은 롬멜이 돌아왔지만 때는 늦었다.

11월 1일 자정을 넘길 무렵에 영국군은 마지막 공격을 시행하여 독일군 진지를 돌파하였다. 결국 롬멜은 11월 4일 총퇴각 명령을 내렸다. 영국군은 알 아게일라, 트리폴리를 점령하고 이듬해 5월 튀니지에서 독일의 항복을 받아냈다.

이후 몽고메리는 1943년 시칠리아 침공에 중요한 역할을 하였고, 1944년 노르망디 상륙 작전에는 영국군 총사령관으로 활약하였다. 그리고 전쟁이 끝난 후에는 영국군 참모총장과 북대서양 조약기구NATO의 유럽 연합군 최고사령부 부사령관을 지냈다.

1958년에 전역하여 『회고록』『지도자가 되는 길』 등 전쟁의 이론과 역사에 관한 책을 쓰는 활동을 하다가 1976년 89세를 일기로 사망하였다.

* 1944년 6월 6일 '연합군, 노르망디 상륙 작전을 개시하다' 참조
* 1945년 5월 7일 '독일, 연합국에 항복 선언' 참조

1869년 11월 17일

이집트 수에즈 운하 개통

1869년 11월 17일 세계 각국의 국가원수·귀빈·명사 등이 초대된 가운데 이집트 수에즈 운하의 성대한 개통식이 열렸다. 프랑스의 외교관 출신의 페르디낭 마리 드 레셉스(Ferdinand Marie de Lesseps : 1805~1894)가 1859년 4월 25일 지중해 해안의 포트사이드에서 기공식을 거행하고 공사를 시작한 지 만 10년 만이었다.

드 레셉스는 1858년 이집트의 태수 무함마드 사이드 파샤로부터 특허장을 얻자, '만국 수에즈 해양 운하 회사Universal Company of the Maritime Suez Canal'를 이집트 법인法人으로 설립하고, 2억 프랑의 자본금을 조달함으로써 공사를 시작하였다.

수만 명의 이집트인을 강제 노동에 동원하고 6만 ha에 이르는 농경지 조차 때문에 경쟁국이던 영국이 항의하여 공사가 중단되는 우여곡절을 겪기도 했다. 그러나 결국 드 레셉스는 홍해와 지중해를 잇는 163km 거리의 운하를 완성시켰던 것이다. 이로써 유럽과 아시아를 잇는 새로운 단거리 무역로가 생겼다.

영국은 처음에 프랑스의 운하 건설을 반대했지만, 운하에 대한 이집트 정부의 주식을 사들여 영국-프랑스 공동 투자가 되면서부터는 입장이 바뀌었다. 수에즈 운하는 영국과 프랑스에 계속해서 이익을 주었는

데, 1956년 7월 가말 압둘 나세르(Gamal Abdel Nasser : 1918~1970) 대
통령이 이를 국유화했다. 결국 이것은 10월 29일 제2차 중동 전쟁으로
이어졌다.

* 1859년 4월 25일   '프랑스의 외교관 레셉스, 이집트 수에즈 운하를 착공하
  다' 참조
* 1956년 7월 26일   '이집트의 나세르 대통령, 수에즈 운하 국유화 선언' 참조
* 1956년 10월 29일   '이스라엘과 아랍 간의 제2차 중동 전쟁이 시작되다'
  참조

___

1994년 11월 17일

미국의 여자 테니스 선수 나브라틸로바 은퇴 발표

___

"여자 테니스는 정말 강하다. 허풍을 한번 떨자면 아직까지 내가 그만큼
강하다는 뜻이다. 상황에 따라 올해 단식에도 출전할 수 있다."

-나브라틸로바

여자 테니스의 '철녀'로 불리던 마르티나 나브라틸로바(Martina
Navratilova : 1956~)가 1994년 11월 17일 은퇴를 발표하였다.

하지만 2005년 50세를 바라보는 나이에 한 기자회견에서 다시 단식
의 여왕에 도전할 수 있음을 밝혔다. 그녀는 늦은 나이에도 불구하고
세계 정상에 도전하는 자신을 바라보면서 나이 든 사람들이 힘을 얻기
바란다는 소망을 밝혔다.

나브라딜로바는 1956년 10월 18일 제코 프라하에서 태어났으며, 테니스협회에서 일하는 부모님 때문에 어려서부터 테니스를 하게 되었다. 상대가 없어 주로 남자와 운동을 하던 그녀는 1974년에 프랑스 오픈 혼합복식에서 우승을 거두면서 이름이 알려지게 되었다.

1975년에 미국으로 망명하였으며, 1978년 윔블던 대회 결승에서 상대인 크리스 에버트(Christine Marie Evert : 1954~)를 역전승으로 이기고 첫 메이저 단식 타이틀을 획득하였다.

이후 18차례 그랜드슬램 대회 단식 석권을 포함해 프로 투어 통산 167회 단식 우승을 차지하였다.

하지만 1994년 뉴욕에서 아르헨티나의 가브리엘라 사바티니(Gabriela Beatriz Sabatini : 1970~)에게 패하면서 은퇴하였다. 하지만 2000년 코트에 복귀하여 주로 복식 경기에 참가하였다. 2006년 US 오픈 혼합 복식에서 우승한 후 그해 완전히 은퇴했다.

2012년 현재 TV 방송해설가로 활동하고 있다.

2000년 11월 17일

국제 인터넷 주소 관리 기구, 최상위 도메인 7개 추가

국제 인터넷 주소 관리 기구ICANN는 인터넷 주소 체제DNS를 효율적으로 관리하기 위해 만들어진 비영리 국제기구이다.

ICANN은 .com, .net, .org 등의 도메인domain이 포화 상태에 이르러 더 이상 좋은 이름을 등록하기 어렵게 되자, 2000년 11월 17일 신규 도메인 7개를 일반 최상위 도메인으로 선정했다. ICANN이 새롭게 추가한 최상위 도메인은 일반 범용으로 .biz, .info가 있으며, 개인용으로는 .name, 영리용으로는 .pro, 비영리용에는 .museum, .aero, .coop 등이 선정되었다.

11월 18일

가이아나 밀림의 사이비 종교 단체 신도 914명이 집단자살하다

'1978년 11월 18일 인민사원의 마지막 날, 이 편지를 발견하는 사람에게.

모든 테이프와 기록들을 모아 주십시오. 이 운동, 행동들은 계속해서 검증받아야만 합니다. 우리는 이런 종말을 원하지 않았습니다. 우리는 살아서 세상에 사랑과 빛을 가져다주고 싶었습니다. 우리는 이제 이 세상을 떠납니다. 하늘은 회색빛이고 사람들은 줄지어서 독약을 마시고 있습니다. (……) 인민사원에 대한 이야기를 모두 해 주세요. 만약 아무도 이해하지 못한다고 해도 괜찮습니다. 난 이제 죽을 준비가 되어 있습니다. 지구 마지막 날의 어둠이 존스타운에 내려앉고 있습니다.'

-존스타운에서 발견된 익명의 편지

재임스 워렌 김 존스(James Warren Jim Jones : 1931~1978)는 1931년 백인 우월 집단인 KKK단 일원의 아들로 태어났다. 그는 1952년경에 감리교회의 청년부 담당 전도사가 되었다. 하지만 그는 백인 위주로 교회가 운영되는 것에 반대하며 사임하였다.

이후 그는 인디애나 주에 '해방의 날개'라는 교회를 설립하였다. 그 교회는 특히 미국 흑인을 차별 없이 받아들이는 것으로 유명해졌다. 그 후 핵공격으로부터 안전한 장소를 물색해야 한다며 북부 캘리포니아로 옮겨 교회를 설립하였다. 그 교회에는 100여 명의 신도들이 모였다. 초창기에 존스는 탁아소와 무료 급식소를 운영하며 이웃 사랑을 실천했다. 이로 인해 신도가 2만여 명으로 늘어났다.

그러나 존스 목사는 이때부터 스스로를 예수, 부처, 레닌이라고 부르기 시작했고, 자신의 교회를 '인민사원people's temple'이라 불렀다. 신도들은 존스를 '아버지Dad'라고 칭하였다. 존스는 신도들에게 파시즘, 인종 간 전쟁, 핵전쟁이 올 것이라고 경고하면서 자신만이 사회 문제를 해결할 수 있다고 주장하였다.

이후 존스 목사의 교회를 가까스로 탈퇴한 사람들이 실상을 폭로했다. 이들은 존스 목사가 신도들의 재산을 훔치고 있으며 그의 기적 치유는 조작이라고 주장하였다. 뿐만 아니라 신도들을 폭행하고, 남성 신도와 변태 성행위를 했으며, 스스로를 메시아라고 부르고 있다는 것이었다.

폭로가 이어지자 존스 교회에 대한 조사가 시작되었다. 존스 목사는 설교를 통해 탈퇴자들이 거짓 증언을 일삼고 있다고 했다. 자신들을 파멸시키려는 의도가 있다는 것이었다. 하지만 점점 더 많은 탈퇴 신도들이 폭행과 학대 사례를 증언했고, 존스 목사가 신도들의 탈퇴를 물리력으로 막고 있다고 주장했다.

결국 존스는 신도 1,200여 명을 데리고 아프리카 가이아나의 포트 카이루마 인근 정글로 이주했다. 그는 그곳에 '존스타운'이라는 공동체를 건설하였다. 그리고 예수의 말씀에 따라 실천하고 그곳을 지상낙원으로 만들기 위해 함께 노력하자고 하였다.

하지만 시간이 흐를수록 사람들은 자신들이 속고 있음을 깨달았다. 존스는 여러 가지 방법으로 신도들을 현혹하여 자신의 의도대로 통제하고 있었다.

그 소식을 접한 샌프란시스코 하원의원 리오 라이언이 직접 조사에 나섰다. 라이언 의원은 3명의 기자들과 함께 존스타운에 도착하였다. 처음에 그는 평온해 보이는 정착민들의 삶에 별 문제가 없다고 판단했다. 하지만 그것은 연출된 모습이었다. 라이언은 한 신도가 전달해 준 쪽지를 받고 이 사실을 알게 됐다.

라이언 의원이 추궁하자 존스는 "거짓말하는 사람은 얼마든지 있다. 만약 떠나고 싶으면 언제든지 떠날 수 있다."며 신도들을 조사해 보라고 했다. 조사를 마친 라이언은 존스타운을 떠나고자 하는 30여 명의 신도들을 데리고 비행기로 향했다. 그러나 막 비행기를 타려던 사람들에게 트럭을 타고 온 신도들이 총을 난사하기 시작했다. 그 자리에서 라이언 의원과 기자를 포함해 떠나려던 신도 전원이 사망했다.

이후 존스는 정부가 자신들을 가만 두지 않을 것이라며 모두에게 자살을 명령하였다. 신도들은 거역할 수 없는 명령이라도 되는 듯 자살을 결심했다. 약 300명의 아이들이 청산가리를 먹고 죽었고 그 이후 어른들이 따라 자살했다. 싫다는 사람에게는 억지로 독을 먹였다. 마지막으로 존스와 한 간호사가 총으로 자살했다. 그래서 모두 914명이 죽었다. 1978년 11월 19일의 일이었다.

미국을 포함한 전 세계는 충격에 빠졌다. 이는 2001년 9 · 11 테러 이전에 자연 재해가 아닌 사건으로 미국 시민이 가장 많이 죽은 사건이었으며, 역사상 최대의 집단 자살로 꼽히고 있다.

이 사건은 종교에 대한 그릇된 믿음이 큰 비극을 불러올 수 있는 가장 충격적인 사례로 전해지고 있다.

1952년 11월 18일

프랑스의 작가 마르셀 프루스트가 사망하다

나의 책은 꽁브레의 안경점 주인이 손님에게 내미는 '커지는 유리알'이다.
나의 책은 독자들에게 자신을 읽는 방법을 보여 줄 것이다.
-마르셀 프루스트, 『잃어버린 시간을 찾아서』, 제7부 「되찾은 시간」

마르셀 프루스트(Marcel Proust : 1871~1922)는 1871년 프랑스 파리에서 태어났다. 아버지는 파리 대학교 교수로 돈 많은 의사였고, 어머니는 교양 높은 유대인이었다. 어려서부터 감수성이 무척 예민하여, 유대인의 피가 섞인 어린 프루스트는 친구들과 잘 어울리지 못했다.

1893년에 대학에 들어가 철학자 앙리 베르그송(Henri Bergson : 1859~1941)의 영향을 받았다. 1896년에는 단편집 「즐거움과 나날」을 출판하였다.

1905년에 어머니가 돌아가시자 프루스트는 장편소설을 쓰기로 마음먹었다. 그리고 1909년 1월부터 대표작 『잃어버린 시간을 찾아서』를 쓰기 시작했다. 제1부 「스왕네 집 쪽으로」는 1911년 무렵에 완성하였으나 출판사를 구하지 못하여 1913년이 되어 발표할 수 있었다.

제1차 세계 대전으로 제2부 「꽃핀 소녀들의 그늘에서」와 제3부 「게르망트가의 사람들」 출간도 늦어졌다. 원래 3부로 계획했던 책은 7부로 늘어났다. 그리고 1922년에 제4부 「소돔과 고모라」를 썼다.

하지만 무리한 저술과 병으로 결국 1952년 11월 18일에 사망하였다. 그래서 제5부 「갇힌 여인」, 제6부 「사라진 알베르틴」, 제7부 「되찾은 시간」은 그가 죽은 뒤에야 출판되었다.

『잃어버린 시간을 찾아서』는 갑자기 어린 날의 아침식사 장면이 떠오른 소년 '나'(마르셀)가 독백 형식으로 중년에 이르는 과정을 서술한 책이다.

프루스트는 이 책을 통해 '시간과 죽음을 극복하는 유일한 길은 예술'이라고 말하였다. 『잃어버린 시간을 찾아서』는 20세기 불문학의 최대 걸작이자 20세기 신新심리주의 문학의 최고봉으로 꼽힌다. 그리고 마지막 편인 「되찾은 시간」에서는 소설적인 요소보다 프루스트의 문학관이 더욱 강조되고 있다.

1901년 11월 18일

미국의 통계학자 조지 갤럽 출생

"조사원은 예상이 적중하면 당연한 일을 한 것으로 간주되지만 틀리면 묵묵히 혼자서 얼굴을 붉히고 있어야만 하는 것 외에 어떤 것도 할 수 없는 매우 고독한 직업이다."

-조지 갤럽

조지 갤럽(George Horace Gallup : 1901 - 1984)은 1901년 11월 18일 미국 아이오와에서 태어나, 1923년에 아이오아 주립 대학교에서 심리학 박사 학위를 받았다. 이후 갤럽은 콜롬비아 대학교 등에서 신문학과 광고학을 가르치다가, 1932년에 뉴욕에 있는 광고회사에 들어가 여론 조사 업무를 맡았다.

1935년에는 미국여론연구소를 설립하여 여론 조사 사업에 본격적으로 뛰어들었다. 이 연구소는 매주 전국적인 여론 조사를 실시하여 그 결과를 매주 신문에 보도하였다. 그리고 표본조사sample survey 이론을 근거로 1936년에 있었던 미국 대통령 선거 결과 예측에 참여하였다.

미국여론연구소 외에 잡지사 『다이제스트』도 대통령 선거에 관한 여론 조사에 참여하여 결과를 발표하였다. 『다이제스트』는 230만 명의 유권자를 대상으로 여론 조사를 실시하여, 공화당의 앨프리드 랜든(Alfred Mossman Landon : 1887~1987) 후보가 압도적인 표 차로 민주당의 프랭클린 루즈벨트(Franklin Delano Roosevelt : 1882~1945) 후보를 누를 것이라고 발표했다. 하지만 예측은 빗나가고 말았다.

『다이제스트』는 질문지법에 의해 여론 조사를 했는데, 응답자들이 모집단의 대표성을 가지고 있지 못했다. 그 원인은 전화번호부나 자동차 소유자 명부를 보고 조사 대상자들은 결정했기 때문이다. 당시 미국에서 전화와 자동차를 소유한 사람은 대체로 상류계층에 속하는 사람들이었다. 이 때문에 여론 조사가 주로 중년 이상의 남성에게만 집중되었고, 중 · 하류 계층과 중년 이하의 사람들 그리고 여자들은 조사 대상에서 제외된 것이다. 그래서 아무리 응답자 수가 많다 하더라도 정확한 여론 조사가 될 수 없었다.

반면에 미국여론연구소는 전국의 유권자를 대상으로 샘플링 방식을 적용해 표본으로 추출된 1,500명을 대상으로 면접조사를 실시한 뒤 민주당 후보였던 루즈벨트의 당선을 예측했다. 이 사건을 계기로 미국여론연구소는 신뢰가 높아졌을 뿐만 아니라, 당시까지 통계학에만 머물러 있던 표본 추출 방식이 여론 조사에 본격적으로 도입되어 오늘날까지 이용되고 있다.

이후 갤럽은 더욱 정밀한 여론 조사 방법을 개발하였으며, 『민주주의의 맥박』『전문적 여론 조사 입문』 같은 저서를 남겼다.

1984년 7월 26일 83세를 일기로 사망하였다.

2004년 11월 18일

스페인에서 1300만 년 전 유인원 화석이 발굴되었다고 발표

"조상이라는 말은 함축된 용어이다. 화석이 나온 것만 가지고는 인류의 조상이라고 인정하기는 매우 힘들다."

-고인류학자 데이비드 스트레이트

미국 과학 전문 주간지 『사이언스』는 2004년 11월 18일자에 스페인 바르셀로나에 있는 고생물학연구소의 살바도르 모야 솔라(Salvador Moya-Sola : 1955~) 박사팀의 연구 논문을 발표하였다.

이 연구팀은 2002년부터 중신세(약 2200만~550만 년 전)의 것으로 보이는 유인원의 두개골과 흉곽·척추·손·발 뼈화석 83점을 발견하였다. 이들은 "1300만 년 전 살았던 이 화석의 주인공은 현존하는 대형 유인원들의 공통 조상"이라고 주장히였디.

　고인류학자들은 이제까지 발굴되지 않았던 '잃어버린 고리missing link'일 것으로 기대하였다. '잃어버린 고리'는 생물의 진화 계열에서 중간에 해당하는 종류가 발견되지 않은 것을 말하는 것이다. 인류진화론의 입장에서 오늘날에는 사람과 현존하는 침팬지와 같은 유인원의 관계는 직계가 아니라 공동 조상으로부터 따로 진화된 것으로 인식되고 있다.

　하지만 솔라 박사팀의 보고에 대해 많은 학자들은 아직까지는 인류의 진화에 대해서 더 많은 연구와 과학적인 방법의 개발이 진행되어야 한다는 의견을 보였다.

11월 19일

1863년 11월 19일

미국 대통령 링컨, 전몰장병을 위해 게티즈버그에서 연설하다

"우리 앞에 남겨진 이루지 못한 큰 과업을 이루기 위해 지금 여기 이곳에 바쳐져야 하는 것은 우리들 자신입니다. (……) 신의 가호 아래 이 나라는 새로운 자유의 탄생을 보게 될 것이며, 국민의, 국민에 의한, 국민을 위한 정부는 이 지상에서 결코 사라지지 않을 것입니다."

-에이브러햄 링컨

1863년 7월 1일에서 3일까지, 1만 7,200명의 남군과 북군이 인구 2,400명밖에 안 되었던 펜실베이니아 주 게티즈버그에서 부딪혔다.

그 결과, 게티즈버그 마을에는 7,500명 이상의 병사와 5,000마리가량의 말 시체가 뒹굴었다. 더군다나 들판에 내버려진 시체들 썩는 냄새가 코를 찔렀다.

이때 죽은 시체를 절차에 맞춰 매장하는 것이 게티즈버그 마을에서 큰 일이 되었는데, 처음에는 마을에서 공동묘지 부지를 매입해 사망자 가족에게 매장료를 받아 매장하려고 하였다.

하지만 32세의 젊은 판사 데이비드 윌스(David Wills : 1831~1894)는 이 계획에 반대하고, 펜실베이니아 주지사 앤드류 그레그 커틴(Andrew Gregg Curtin : 1817~1894)에게 예산으로 국립묘지를 만들 것을 청원했다. 이에 윌스는 2,400여 달러의 예산을 배정받았고, 전장에서 죽은 병사들을 기리기 위한 6만 8,000㎡에 달하는 부지 또한 매입하도록 허가받았다.

그리고 윌스는 상·하원 의원, 메사추세츠 주 주지사, 하버드 대학교 총장을 비롯해 미국 부통령 후보이자 연설가로 이름을 날리던 에드워드 에버레트(Edward Everett : 1794~1865)를 주 연사로 초빙해 10월 23일에 묘지 헌정식을 갖고자 하였다.

하지만 에버레트는 기간이 너무 짧아 제대로 된 연설을 준비하기 어렵다며 날짜를 연기할 것을 요구했다. 장례 위원회에서는 이를 받아들이고, 날짜를 11월 19일 목요일로 연기했다.

이후 장례 준비 위원회에서는 에이브러햄 링컨(Abraham Lincoln : 1809~1865) 대통령을 초청했다. 윌스는 다음과 같은 초청 편지를 썼다.

"이 국가 행정부의 장으로서, 이 행사의 의의를 명확히 하는 짧은 몇 마디
헌정사를 남겨 주시기 바랍니다."

링컨은 11월 18일 게티즈버그에 열차로 도착해 다음 날인 11월 19일 오
전에 밤색 말을 타고 마을 주민, 고위 관리, 전사자 유족들이 행진하고 있
는 길에 합류했다. 그리고 링컨 대통령은 남북 전쟁의 격전장이었던 펜실
베이니아 주 게티즈버그에서 불과 266단어로 된 짧은 연설문을 읽었다.

남북 전쟁으로 전사한 장병들의 영혼을 위로하기 위한 이 연설문은
남북 전쟁의 의미, 자유의 가치, 민주정부의 원칙을 압축적으로 표현하
고 있다.

첫 문장에서 링컨은 조상들이 "자유라는 이념으로 이 땅에 새로운 나
라를 세웠고 인간은 모두 평등하게 태어났다는 믿음을 위해 헌신했습
니다."고 하여, 미국 독립선언서에 밝힌 건국의 의미와 이상을 한 줄로
밝혔다. 그리고 국민이 중심이 된다는 마지막 문장은 민주주의의 정신
을 가장 간결하고 정확하게 표현하였다.

링컨은 실의에 빠져 있는 국민들에게 남북 전쟁의 의미를 이해시키
고, 이후에 다가올 새로운 국가에 대한 희망을 주기 위해 이 연설문을
작성한 것이다.

이를 통해 그때까지 열세에 있던 북군이 전세를 역전시켜 승리하는
계기가 되었다.

* 1809년 2월 12일 '미국 16대 대통령 에이브러햄 링컨 출생' 참조

* 1861년 4월 12일 '미국에서 남북 전쟁이 일어나다' 참조

* 1863년 1월 1일 '링컨 대통령, 노예 해방 선언문 발표' 참조

* 1865년 4월 9일 '미국 남북 전쟁이 종식되다' 침조

* 1865년 4월 14일 '미국 링컨 대통령, 워싱턴에 있는 극장에서 저격당하
다' 참조

1999년 11월 19일

중국, 무인 우주선 선저우 1호 발사

1999년 11월 19일 중국이 무인 우주선을 대기권 밖으로 쏘아 올리는데 성공했다. 이로써 중국은 1961년 소련, 1962년 미국에 이어 세계에서 세 번째로 무인 우주선 발사에 성공했다.

중국 정부는 유인 우주선을 발사하기에 앞서 전 단계로 무인 우주선을 쏘아 올리기로 계획하였다. 장쩌민(江澤民 : 1926~) 국가 주석은 이 우주선의 이름을 '신의 배'라는 뜻을 지닌 '선저우'라고 명명하였다.

선저우는 로켓에 실려 간쭈성 지우관 발사 센터에서 오전 6시 30분에 발사됐다. 그리고 10분 후에 로켓에서 분리돼 미리 정해진 궤도에 진입하였다. 이후 지구를 14바퀴 선회하면서 우주과학 실험을 하였다. 그리고 다음 날인 11월 20일 오전에 관련 임무를 마치고 네이멍구 자치구에 착륙했다.

중국은 이미 1956년 10월부터 마오쩌둥(毛澤東 : 1893~1976) 국가 주석의 지시로 우주 개발 계획에 착수한 바 있었다. 1992년에는 우주선 프로젝트에 돌입하기도 하였다. 이후 수천 명의 과학자들을 연구와 개발에 동원하여 이날 무인 우주선 발사에 성공한 것이었다.

이후 3차례나 더 무인 우주선을 쏘아올린 중국은 2003년 10월에 첫

번째 유인 우주선인 '선저우 5호'와 2005년 10월 두 번째 유인 우주선인 '선저우 6호' 발사에 성공하였다. 그리고 2007년에는 '창어嫦娥 프로젝트'를 통해 달 탐사위성 창어 1호를 발사하는 데 성공하였다.

2013년 하반기에는 중국 최초 무인 달 착륙 탐사위성인 '창어 3호'를 발사할 예정이다.

* 1970년 4월 24일 '중국, 첫 인공위성 동방홍 1호 발사' 참조
* 2003년 10월 15일 '중국, 첫 유인 우주선 선저우 5호 발사 성공' 참조

1995년 11월 19일

크바스니에프스키, 폴란드 대통령에 당선

폴란드의 자유노조를 이끌었던 레흐 바웬사(Lech Walesa : 1943~)는 1990년에 초대 대통령으로 취임했지만, 경제 개혁의 부작용으로 실업이 증가하고 경제난이 가중되는 상황을 맞이했다.

이 때문에 국민의 불만과 시위가 확산되자 바웬사는 의회를 해산하고 1993년 9월 총선거를 실시하여 신정부를 출범시켰다. 하지만 1995년에 치러진 대통령 선거에서 알렉산더 크바스니에프스키(Aleksander Kwasniewski : 1954~)에게 패배하여 연임에 실패하였다.

크바스니에프스키는 공산당 출신으로 친親서방 정책을 추진하였고 폴란드를 유럽 연합과 북대서양 조약 기구에 가입시켰다. 그는 2000년에 실시된 대통령 선거에서 과반수를 얻어 재선에 성공하였다.

11월 20일

1945년 11월 20일

뉘른베르크 전범 재판이 열리다

"뉘른베르크 재판은, 승전국이 패전국에 대한 정당성을 꽉 누른 재판이었습니다. 즉 패전국이 침략 전쟁을 실시했다고 한 것입니다. 그러나 나는 지금도 유감스럽게 생각합니다만, 뉘른베르크 재판은 법적으로는 완전히 근거가 부족한 재판이었습니다. 그것은 재판이 아니고 전승국의 정치 행동이었다고 하는 것이 가장 올바른 말이지요."

-핼런 피스케 스턴, 로버트 잭슨의 상사

1945년 11월 20일 나치 독일의 전범들에게 전쟁의 책임을 묻기 위한 연합국 측의 국제 군사 재판이 독일 뉘른베르크에서 열렸다. 일반적으로 '뉘른베르크 전범 재판'이라고 불린다.

이 재판은 앞서 1945년 8월, 미국 · 영국 · 소련 · 프랑스 등 4대 승전국이 조인한 런던 협정에 바탕을 둔 것이다. 런던 협정에는 국제 군사 재판소가 특정 지역에 한정되지 않는 범죄를 저지른 나라들, 즉 독일 · 이탈리아 · 일본 등 주요 전범들의 소송을 관할한다는 헌장이 포함되어 있었다.

또한 이때 사후법事後法인 '국제 군사 재판 조례'도 마련되었다. 이 때문에 피고 측에서는 "이 재판은 '범죄 행위 이전에 범죄와 형벌을 미리 법률로 규정해야 한다'는 죄형 법정주의 원칙에 반한다."는 주장을 제기하기도 하였다.

더군다나 승전국 측이 임명한 판사와 검사에 의해 재판이 진행되어 더욱 불공정하다는 비판을 받았다. 수석 재판장은 영국의 제프리 로렌스(Geffrey Lawrence : 1880~1971)경卿, 수석 검사는 미국의 대법관 로버트 잭슨(Robert Houghwout Jackson : 1892~1954)이 맡았다. 피고인 측은 독일 변호사들이 변론하였다.

검사들은 헤르만 괴링(Hermann Goering : 1893~1946), 루돌프 헤스(Rudolf Hess : 1894~1987), 요하힘 폰 리벤트로프(Joachim von Ribbentrop : 1893~1946) 등 1급 전범 24명을 다음과 같은 4개의 죄목으로 기소하였다.

1. 평화에 관한 죄 : 국제 조약과 협정을 위반하고 침략 전쟁을 계획 · 준비 · 실행

2. 인도人道에 관한 죄 : 인민 몰살, 추방, 집단살해

3. 전쟁 범죄 : 전쟁법의 위반

4. 앞의 세 기소 사항에 있는 범죄 행위를 계획 · 공모한 죄

국제 군사 재판소는 제시한 전쟁 범죄에 대한 기소 조항에 따라 개인 또는 단체 · 조직에 대해 유죄를 선고할 수 있었다. 만약 어떤 조직이 유죄로 드러나게 되면 그 구성원이었다는 이유로 개인을 재판에 회부할 수 있었다. 따라서 독일 비밀경찰인 게슈타포 같은 조직도 유죄로 기소되었다.

이후 재판은 11개월 동안 403차례의 공판을 거쳐, 1946년 10월 1일에 마무리되었다. 로베르트 라이는 수감 중 자살했고, 구스타프 크루프 폰 볼렌 운트 할부흐는 장애 때문에 재판을 받을 수 없었다.

그래서 22명에게만 판결이 내려졌다. 궐석재판을 받은 마르틴 보어만을 포함해 괴링, 리벤트로프 등 12명은 사형, 헤스 등 3명은 종신형, 알베르트 슈페어 등 4명은 징역형을 선고받았다. 3명은 형을 면제받았다.

1946년 10월 15일이 되자 괴링은 청산가리를 삼켜 자살하였다. 형이 집행되기 하루 전이었다. 그리고 다음 날인 10월 16일 리벤트로프가 "세계의 평화를 빈다."는 마지막 말을 남긴 뒤 처음으로 교수형을 당하였다. 사형이 확정된 이들은 모두 이날 사형당하였다.

이후 1946년 12월부터는 나치 독일의 전쟁 범죄인 유대인 학살, 즉 제노사이드에 대한 제2차 뉘른베르크 전범 재판이 열렸다. 이때에는 유대인 학살 만행에 관여한 의사, 관료, 법률관 185명이 기소되었다. 1949년 3월에 마무리된 이 재판은 25명에게 사형을, 20명에게 무기 징역을 선고하였다.

하지만 이러한 판결을 내리는 데 있이 국제 군사 법정은 피고인 측이 제시한 주요 변론들을 받아들이지 않음으로써 훗날 논란을 낳았다. 피고인들이 제시한 근거는 다음과 같다.

첫째, 전쟁 범죄의 경우 유죄로 판결될 수 있는 것은 국가이지 개인이 아니다.

둘째, 심리와 판결이 형벌불소급刑罰不遡及의 원칙에 어긋난다

하지만 국제 군사 법정은 국제법상의 범죄는 사람에 의해서만 행해질 수 있으며 그러한 범죄를 저지른 개인들을 처벌함으로써만 국제법 조항이 효력을 가질 수 있다고 반박하였다. 또한 제노사이드 같은 학살 행위는 위법 행위로 제2차 세계 대전 이전에도 범죄로 간주되었다고 주장하였다.

하지만 국제 사법 재판소의 이러한 반박에도 불구하고, 판사 핼런 피스케 스턴의 말처럼 이 재판은 "승전국이 패전국에 대한 정당성을 누른 재판"이라는 평가를 받고 있다.

* 1946년 10월 1일 '뉘른베르크 국제 군사 재판이 끝나다' 참조

1602년 11월 20일

독일의 물리학자 오토 폰 게리케가 태어나다

진공은 모든 공기가 다 빠져나간 공간이다. '아무것도 존재하지 않는 곳'
은 중세 신학자들에게 두려운 무엇이었고, 진공을 말하는 것은 곧 이단으
로 취급받았다. 결국 진공에 대한 실험은 종교개혁 이후에 가능했다.

진공을 과학적 실험으로 최초로 밝힌 사람은 이탈리아의 과학자 에
반젤리스타 토리첼리(Evangelista Torricelli : 1608~1647)이다. 그는 1644
년 유리관에 수은을 넣는 실험으로 진공을 만들었다.

진공에 대한 개념은 고대에도 있었는데, 그리스의 철학자 아리스토
텔레스(Aristoteles : B.C. 384~B.C. 322)는 품위를 잃을 수 있다는 두려움
때문에 진공의 존재를 거부했다. 중세의 교회도 같은 의견이어서, 토
리첼리의 실험 결과 생긴 빈 공간을 '에테르ether'가 채우고 있다고 믿었
다. 프랑스의 철학자이며 과학자인 블레즈 파스칼(Blaise Pascal : 1623~
1662)은 "자연은 약간의 빈 공간을 허락하느니 차라리 종말을 택할 것"
이라며 진공을 강력히 거부했다.

그런데 독일의 오토 폰 게리케(Otto von Guericke : 1602~1686)가 또
한 번 진공의 존재를 입증했다. 게리케는 1602년 11월 20일 마그데부
르크에서 태어났다. 그는 예나 대학교에서 법학을 공부하다가 레이덴
대학로 옮겨 수학과 역학力學을 공부하였다.

이후 그는 1646년 마드데부르크의 시장이 되었다. 1650년에 공기를
빨아들이는 공기 펌프를 발명하여 진공을 확인하였고, 진공 상태에서

빛은 통과하지만 소리는 통과하지 못한다는 사실을 밝혔다.

게리케는 1654년 진공을 통해 대기압을 확인할 수 있는 실험을 황제 페르디난트 3세(Ferdinand Ⅲ : 1608~1657)가 보는 가운데서 실시하였다. 먼저 반구형의 구리그릇 2개를 맞붙여서 공을 만들었다. 그리고 공기펌프를 이용해 공 안의 공기를 뽑아냈다. 공은 곧 대기압으로 찌그러졌다.

그 다음에 16마리의 말을 공 양쪽에 있는 고리에 연결하여 서로 잡아당기도록 하였다. 말들이 거친 숨소리를 내며 잡아당겼지만 공은 떼어지지 않았다. 그 이유는 공안이 진공 상태가 되어 외부의 압력에 맞설 압력이 전혀 없었기 때문이다. 이 실험을 통해 대기압의 힘이 얼마나 큰지 생생하게 확인할 수 있었던 것이다.

한편 게리케는 전기에 관한 실험을 하였다. 그는 1663년에 호박을 문질러서 정전기를 발생시키던 전통적인 방법 대신에, 커다란 유황으로 만든 공을 회전시켜 마찰을 가함으로써 정전기를 발생시키는 방법을 고안했다.

1686년 5월 11일 84세를 일기로 사망하였다.

1991년 11월 20일

마케도니아, 유고슬라비아로부터 독립

마케도니아는 19세기까지 오스만 제국의 지배를 받아왔다. 그 후 그리스 · 세르비아 · 불가리아 등이 오스만 제국으로부터 독립하자 마케도니아는 이들 국가의 침략 대상이 되었다. 그리고 1912년과 1913년,

두 차례에 걸친 발칸 전쟁으로 3국에게 분할 점령되었다.

1919년에는 세르비아 · 크로아티아 · 슬로베니아 왕국이 결성되면서 그 일부로 편입되었으며, 이들은 1929년에 유고슬라비아 왕국으로 이름을 바꾸었다.

제2차 세계 대전이 끝난 후 마케도니아는 처음 하나의 민족으로 인정을 받았다. 그 후 유고슬라비아 연방이 붕괴하면서 과거 세르비아에 속했던 지역이 1991년 11월 20일 마케도니아로 독립하였다.

* 1913년 5월 30일 '제1차 발칸 전쟁 종결을 위한 런던 강화 조약 체결' 참조
* 1913년 6월 29일 '제2차 발칸 전쟁 발발' 참조

1975년 11월 20일

스페인의 독재자 프랑코 사망

독재자가 자신의 정당성을 확보하기 위해 사용하는 방법이 바로 '국가'와 '민족'을 수호하는 이데올로기의 확대 재생산이라는 점에서 프랑코도 예외는 아니었다. 그는 이렇게 말했다.

"민주주의는 스페인에 번영을 가져다주지 않는다."

프란시스코 프랑코(Francisco Franco : 1892~1975)는 1892년 스페인의 해군기지가 있는 엘페롤에서 태어나 15세에 보병사관학교에 들어갔다.

1909년에 모로코에서 근무하면서 그곳 민족주의자들을 탄압하였다. 1915년에 최연소 대위가 되었으며, 1921년 장군으로 진급하였다.

그는 1931년에 수립된 제2공화국에 반대하면서, 1936년 7월 쿠데타를 일으켰다. 이때 이탈리아의 베니토 무솔리니(Benito Andrea Amilcare Mussolini : 1883~1945)와 독일의 아돌프 히틀러(Adolf Hitler : 1889~1945)의 공공연한 도움을 받았다.

프랑코는 1936년 9월에 동료 장군들의 추대를 받아 스페인 정부 수반으로 임명되었다. 그리고 모든 법률과 법령을 공포할 수 있는 권한을 가졌다. 프랑코 자신도 '하느님과 역사 앞에서만 책임이 있을 뿐'이라고 외치며 독재를 행사했다.

스페인 내전이 프랑코 측의 승리로 끝나자, 세계의 지식인들은 세계 양심의 시험장에서 정의가 패배하였다고 평가하였다. 이후 마드리드에 입성한 프랑코는 1939년 4월부터 1975년 11월 20일 사망할 때까지 스페인을 통치했다.

프랑코는 제2차 세계 대전에서 중립을 내세우면서도 독일에 우호적인 태도를 취했다. 대전이 끝난 후에는 서유럽 국가들에게 배척당했지만, 미·소 냉전 체제가 강화되면서 반공反共 정책을 실시하여 호감을 이끌어냈다.

그는 경찰력을 배경으로 1당 독재 체제를 유지하였으며, 1973년에 총리직에서 물러날 때에도 국가원수와 군통수권을 유지하였다.

*** 1936년 7월 17일 '스페인 내전이 시작되다' 참조**

1959년 11월 20일

국제연합, 「세계 어린이 인권 선언」 채택

국제연합UN은 아동에게 가장 좋은 이익을 보장하기 위하여, 1959년 11월 20일 전문 10개조로 이루어진 「세계 어린이(아동) 인권 선언」을 채택하였다.

이 선언문에는 어린이가 건전하게 자라나기 위해서는 가정과 사회에서 특별한 보호를 받을 권리가 있으며, 어린이는 사회보장을 받고 어린이에게 착취 등의 가혹한 행위가 일어나서는 안 된다는 내용이 들어 있다.

국제연합은 선언문 채택 20주년이 되는 1979년을 '세계 아동의 해'로 선포하였다.

1969년 11월 20일

브라질의 축구선수 펠레, 909번째 경기에서 통산 1,000골 달성

브라질 프로팀 산토스 소속으로 활동하던 축구 황제 펠레(Edson Arantes do Nascimento : 1940~)가 1969년 11월 20일 마라카낭 스타디움에서 바스코와 경기를 가졌다. 이 경기에서 후반 32분 페널티킥으로 통산 1,000호 골을 기록했다. 909번째 경기 만이었다.

펠레는 1940년 브라질의 트레스 코라코에스에서 태어났다. 본명은 에드손 아라테스 도 나시멘토Edson Arantes do Nascimento이다. 하지만 초등학교

때부터 '진주'라는 뜻을 지닌 '펠레'가 본명처럼 불리고 있다.

그는 축구 클럽 코치로 있던 이비지의 지도를 받으며 **축구**의 기초를 다졌으며, 이미 16세가 되기 전에 브라질 최고의 명문팀인 산토스 소속 선수가 됐다.

또한 1958년, 1962년, 1970년에 삼바군단 브라질 국가대표팀을 월드컵 우승팀으로 이끌었으며, 현역 시절 프로 통산 1,281골을 기록했다.

펠레는 2000년 아르헨티나의 영웅 디에고 마라도나(Diego Armando Maradona : 1960~)와 함께 국제 축구 연맹FIFA이 선정한 '20세기 최고의 선수'에 뽑히기도 하였다.

11월 21일

2004년 11월 21일

미국 NBC 방송, 미군의 이라크 포로 사살 특종 보도를 하다

전쟁 포로는 어떤 때에도 항상 인도적으로 대우받아야 하며 인간적 존엄성이 손상되어서는 안 된다. 전쟁 포로의 죽음이나 건강상의 심각한 위협을 불러일으킬 수 있는 어떤 불법적 행동이나 태만 행위도 금지된다. 이를 어길 시 본 협약의 심각한 위반으로 간주된다.

-전쟁 포로의 대우에 관한 제네바 협약

2004년 11월 미국은 이라크의 수니파 민병내들을 토벌하기 위해 수니파 거점 도시 팔루지를 대대적으로 공격하였다. 그 결과, 미군은 10여 명 정도 사망한 반면 이라크 민병대는 1,000여 명이나 사살되었다.

특히 팔루자를 공격할 때 탈출한 민간인들을 강제로 다시 팔루자로 돌려보내고 도시 전체를 완전 봉쇄하며 대공습을 감행하였다. 이로 인해 전쟁을 피해 나온 민간인들을 죽음으로 몰아넣는 전쟁 범죄를 감행했다는 비난을 국제사회로부터 들었다.

그 와중인 11월 21일 해병 제1사단 1연대 3대대에 배속돼 종군 취재에 나선 미 방송국 NBC의 기자 케빈 사이츠는 특종 보도를 하였다. 팔루자의 한 사원에 진입한 해병대원이 부상한 이라크 포로 1명을 확인 사살하는 모습을 TV 카메라로 촬영한 것이다.

그 화면에는 폭발로 무너진 건물 안에 있는 몇 명의 미군 해병들과 포로들이 등장하였다. 포로들은 바닥에 누워 있거나 벽에 기대 서 있었다. 카메라에는 잡히지 않았지만 한 해병대원은 "여기 죽은 체 하는 XX가 하나 있다."고 욕설을 내뱉으며 부상한 포로를 향해 총을 쏘았다. 그러자 또 다른 해병 1명이 말하였다.

"이제 죽었어."

총성과 함께 TV 화면은 일시 정지되었다. 하지만 이후 공개되지 않은 화면 중에는 탄환이 포로의 상체, 특히 머리를 관통했음을 시사하는 장면이 들어 있었다. 사살된 포로의 시신은 축 늘어진 채 미군 손에 이끌려 어디론가 옮겨졌으며, 그가 있던 뒤쪽 벽면에는 선혈이 낭자했다. 앞서 해병대원들은 이 사원에 있던 또 다른 부상 포로 3명도 사살하였다.

케빈 기자의 보도에 따르면 11월 12일과 13일에 해병들이 도시 안으로 진격해 들어간 후 사원에는 5명의 부상당한 무장 세력이 남았다고 말했다. 이후 사원에서 벌어진 전투에서 다른 이라크인 10명이 죽었다. 부상자들은 치료를 위해 후방으로 이송되는 대신, 13일 또 다른 부대가 도착할 때까지 그 장소에 방치되어 있었다. 그즈음 5명의 부상자 중 1명은 죽고, 다른 3명은 거의 죽어가고 있었다고 말했다. 결국 3명의 포로를 미 해병대원들이 사살한 것이었다.

케빈은 다음과 같이 말하였다.

"그 포로가 무장을 했거나 어떤 식으로든 위협을 가하려는 것처럼 보이지는 않았다."

그 촬영 화면이 방영되자마자 전 세계는 충격에 휩싸였다. 제네바 협약에 따르면 적이 위협을 가하지 않을 경우 미군은 그들에게 총을 쏠 수 없도록 되어 있다.

국제 인권단체들은 즉각 철저한 조사를 요구하였다. 유엔 인권 고등판무관 또한 미군이 제네바 협약을 위반한 것은 아닌지 정밀 조사에 들어갈 방침이라고 밝혔다.

미국은 이라크 포로의 얼굴에 총을 쏜 그 해병이 전날 부비트랩 폭탄에 전우를 잃은 병사이고, 그로 인해 심한 전투 스트레스를 받고 있었다고 항변하였다. 그러면서 "위협을 가하지 않는 부상자는 적으로 간주해서는 안 된다. 하지만 미군 교전 수칙은 정당방위를 허용한다."고 말하였다. 하지만 파문을 잠재울 수는 없었다.

결국 팔루자에 대한 대대적인 공격은 성공했다. 그러나 이라크 점령에만 혈안이 되어 무자비하고 반인륜적 범죄를 서슴지 않고 저지르는 미국의 행태는 이라크와 중동 국민들뿐만 아니라 전 세계적으로도 엄

칭닌 후폭풍에 시딜리게 하였다.

더불어 독제지 시담 후세인을 제거히는 것이 목표리고 명분을 내세 웠음에도 불구하고 전쟁 정당성에 대한 비난을 면하지 못하였다. 이 때문에 결국 부시 정권이 후세인 제거를 빌미로 이라크 석유 장악을 위해 전쟁을 감행했다는 것이 사실임을 드러냈다.

한편 미국이 팔루자 공격을 감행하려고 할 때 코피 아난 국제연합UN 사무총장은 공격 중단을 요청한 바 있었다.

*** 2003년 3월 20일 '미국, 이라크를 침공하다' 참조**

——

1806년 11월 21일

프랑스의 나폴레옹 1세, 대륙봉쇄령 발표

——

프랑스의 나폴레옹 1세(Napoléon I : 1769~1821)는 중립국이나 프랑스 동맹국들이 영국과 무역을 해서는 안 된다는 내용의 대륙봉쇄령, 일명 '베를린 칙령'을 발표하였다. 1806년 11월 21일의 일이었다.

이것은 영국 상품이 대륙으로 들어오는 것을 막아 영국의 상업과 금융을 파괴하여 경제파탄으로 몰아넣기 위한 것이었다.

이 때문에 영국뿐만이 아니라 프랑스를 포함한 대륙의 여러 나라들도 피해를 입었다. 더군다나 영국이 바다를 장악하고 있었기 때문에 대륙의 국가들은 영국 해군을 피해 육로로 상품을 수송해야 하는 곤란을 겪었다.

결국 나폴레옹의 지배 아래에 있던 여러 나라들이 반발하게 되었고 이것은 곧 나폴레옹 몰락의 계기가 되었다.

1991년 11월 21일

프랑스의 제라르 다보빌, 나룻배로 태평양 횡단

"134일 동안 노를 저은 기억은 그 무엇으로도 달라질 수 없을 것이다."

프랑스의 항해가 제라르 다보빌은 1991년 7월 11일 일본 지바 현을 출발하여 그해 11월 21일 미국 워싱턴 주 일와코에 도착하였다. 134일 동안 나룻배를 타고 하루 10시간 노를 저어 1만km의 태평양을 가로지른 것이다.

끝없는 공포와 피로, 권태로움과 싸우면서 이루어낸 성과였다. 도착하였을 때는 몸무게가 15kg이나 빠져 있었다.

이 모험은 현대 과학의 승리라고도 할 수 있다. 왜냐하면 바닷물을 마실 수 있는 물로 바꾸어 주는 '서바이버'라는 물펌프가 배의 무게를 많이 줄여 주었기 때문이다.

한편 제라르는 앞서 1980년 보트를 타고 미국에서 프랑스까지 노를 저어 72일 만에 대서양을 횡단한 바가 있었다.

11월 22일

1859년 11월 22일

찰스 다윈, 『종의 기원』을 출간하다

나는 있는 성의를 다해 신중히 연구했고 냉정한 판단을 내린 결과,
종은 불변하는 것이 아니며, 이른바 같은 속에 속하는 종들은 일반
적으로 이미 사라져 버린 종으로부터 얻어진 자손이라고 확신한다.

-찰스 다윈, 『종의 기원』 머리말

영국의 생물학자 찰스 다윈(Charles Robert Darwin : 1809~1882)이『자연 선택에 의한 종의 기원에 관하여』(이하『종의 기원』)를 1859년 11월 22일에 출간했다. 그가 이 책을 통해 생명체와 인간이 고정불변하는 피조물이 아니라 오랜 시간에 걸친 진화한 것으로 주장하자 많은 사람들은 충격에 휩싸였다.

기독교인들은 이 책이 신의 천지창조설을 부정한다며 감정적인 반응을 보였다.『종의 기원』이 출판된 이듬해 대영학회가 주관한 대토론회에서 당시 교회를 대표하던 옥스퍼드 교구 주교 새뮤얼 윌버포스(Samuel Wilberforce : 1805~1873)는 "우리가 원숭이 자손이라는 당신의 견해에 대해 질문하고자 합니다. 원숭이의 조상이 들어가 있다는 것은 당신의 할아버지 쪽입니까, 아니면 할머니 쪽입니까?"라며 독설을 퍼부었다. 하지만 이것은 다윈의 이론을 잘못 이해한 것이었다.

『종의 기원』에서 다윈은 인류가 원숭이로부터 진화해 나타났다고 말하지 않았다. 원숭이와 인간은 먼 옛날 공통조상으로부터 분화되어 서로 다른 진화의 길을 걸어 오늘에 이른 것이라고 설명했을 뿐이다.

다윈은 학자들의 비판에 대응하기 위해 제3판부터 내용을 대폭 보강하였다. 1869년에 편찬된 제5판에서는 영국의 철학자 허버트 스펜서(Herbert Spencer : 1820~1903)가 말한 '적자 생존'의 개념을 도입하였다. 그리고 1872년에 간행된 최종판인 제6판에서는 '변형을 동반한 계통'이라는 용어 대신에 비로소 '진화'라는 용어를 사용했다.

『종의 기원』은 출판한 지 하루 만에 1,250부 모두가 매진되었다. 제2판은 같은 해 12월 9일 3,000부가 출간됐다. 이후 7년 만에 1만 6,000여 권이 팔렸고, 스페인어 · 러시아어 · 폴란드어 · 보헤미아어 등 세계 각국어로 번역됐다.

다윈의 진화론은 니콜라우스 코페르니쿠스(Nicolaus Copernicus : 1473
~1543)의 지동설, 지그문트 프로이트(Sigmund Freud : 1856~1939)의 정
신분석학과 함께 인류의 고전적 인식의 연속성을 깨뜨린 3대 업적으로
꼽힌다. 영국의 생물학자 토머스 헉슬리(Thomas Henry Huxley : 1825~
1895)는『종의 기원』을 다음과 같이 평가했다.

"『종의 기원』은 왜 그렇게 위대한 책인가. 그것은 첫째로 진화의 사실을
명백히 증명해 주고 있기 때문이다. 즉 그것은 오늘날의 동식물이 처음부
터 따로 창조될 수 있었던 것이 아니라, 틀림없이 천천히 이루어지는 변화
에 의해 초기의 형태로부터 진화되어 온 것이라는 방대하고도 잘 선택된
증거를 제시하고 있기 때문이다.
둘째는, '기원'에서 매우 충분하고 또 명쾌하게 해설한 자연도태 이론이
이러한 변형이 자동적으로 이루어질 수 있었으리라는 기계론을 제시하고
있기 때문이다. 자연도태는 진화를 과학적으로 이해할 수 있게 해 준다."

* 1835년 9월 15일 '영국의 생물학자 찰스 다윈이 탄 비글호, 갈라파고스
  제도에 도착' 참조
* 1860년 6월 30일 '윌버포스와 헉슬리, 옥스퍼드 논쟁을 벌이다' 참조

1963년 11월 22일

미국의 케네디 대통령이 암살당하다

1963년 11월 22일 존 피츠제럴드 케네디(John Fitzgerald Kennedy : 1917~1963) 대통령과 영부인 재클린 케네디(Jacqueline Kennedy Onassis : 1929~1994) 여사는 텍사스 주 댈러스 시가지에서 카퍼레이드 중이었다. 그때 세 발의 총성이 울렸다. 첫 발은 대통령의 등, 두 번째는 머리에 박혔다.

재클린이 케네디의 피 묻은 머리를 무릎에 감싸 안고 있는 동안 자동차는 5km 떨어진 파클랜드 메모리얼 병원으로 달려갔다. 하지만 케네디는 이날 오후 1시에 사망 판정을 받았고, 미국은 전례가 없는 추모 열기에 휩싸였다.

이후 11월 25일에 워싱턴 근교 앨링턴 국립묘지에서 장례식이 치러졌다. 댈러스 경찰은 리 하비 오스월드(Lee Harvey Oswald : 1939~1963)라는 사람을 용의자로 체포하였다. 하지만 오스월드는 이틀 뒤에 잭 루비(Jack Ruby : 1911~1967)의 총을 맞고 사망하고 말았다.

이후 케네디 대통령 암살에 관한 여러 가지 음모론이 대두되었다. 마피아의 소행, CIA의 공작, 소련 또는 쿠바의 카스트로 정권이 배후에 있다는 등의 온갖 설이 난무했다. 하지만 결국 광신자의 단독 범행이라는 결과로 마무리되었다.

2005년 11월 22일

앙겔라 메르켈, 독일 최초의 여성 총리로 선출

앙겔라 메르켈(Angela Dorothea Merkel : 1954~)은 1954년 서독 지역인 함부르크에서 태어났다. 그러나 곧 루터교 목사인 아버지를 따라 동독 지역의 브란덴부르크 템플린으로 옮겨가 그곳에서 성장하였다.

이후 그녀는 라이프치히 대학교에서 물리학을 전공하여 물리학 박사 학위를 받았다. 1978년부터 11년 동안 동베를린 물리화학연구소에서 근무하기도 했다.

1989년 11월에 베를린 장벽이 무너지자 동독 민주화 운동 단체인 '민주 약진Demokratischer Aufbruch'에 가입하였다. 그 뒤 헬무트 콜 (Helmut Kohl : 1930~) 총리에게 발탁되어 1991년에 여성청소년부 장관이 되었고, 1994년에는 환경부 장관에 올랐다.

독일기독교민주동맹이 비자금 스캔들로 곤혹을 치르던 1990년대 중반 이후부터는 독자적으로 정치적 영향력을 발휘했다. 1998년 총선에서 기민당이 패배하자 기민당 최초의 여성 사무총장이 되었다.

그리고 2000년 4월이 되자 기민당 최초의 여성 당수 겸 원내총무 자리를 차지했다. 2005년 9월 총선에서 기민당과 기독교사회연합의 단결을 통해 집권당인 독일사회민주당에 패배의 잔을 안겼다.

10월이 되자 우파 정당과 좌파 성향 정당의 연립정부를 구성하여 11월 22일 독일 최초의 여성 총리가 되었다.

메르켈은 정치 감각과 수완이 뛰어나다는 평가를 받아 '독일의 마거릿 대처'로 불리고 있다. 또한 유럽 위기를 해결하는 데 미친 영향력으로 인해 2011년, 2012년 2년 연속 경제 전문지 『포브스』가 선정한 '세계에서 가장 영향력 있는 여성' 1위에 올랐다.

* 1989년 11월 9일 '독일 베를린 장벽이 무너지다' 참조

1955년 11월 22일

이라크 등 5개국, 중동 조약 기구 결성

중동 조약 기구METO는 터키 · 이란 · 이라크 · 파키스탄 · 영국으로 구성된 상호 방위 동맹이다.

미국의 국무장관인 존 덜레스(John Foster Dulles : 1888~1959)는 소련의 중동 진출을 막기 위해 중동 조약 기구 창설에 힘썼다. 이에 1955년 11월 22일 이라크 등 5개국은 중동 조약 기구를 결성하였다. 그러나 미국은 가입하지 않고 옵서버로만 참가하였다.

이로써 유럽의 북대서양 조약 기구NATO와 동남아시아 조약 기구SEATO를 연결하는 미국의 대對소련 방위 블록이 형성되었다.

이 기구는 1959년에 중앙 조약 기구CENTO로 바뀌었다.

* 1949년 4월 4일 '북대서양 조약 기구 창설' 참조
* 1955년 2월 19일 '동남아시아 조약기구 발효' 참조

11월 23일

1936년 11월 23일

미국의 헨리 루스, 사진 잡지 『라이프』를 창간하다

-『라이프』 창간호 표지. 『라이프』는 보도 사진 분야에서 선구적인
역할을 했다.

1930년 중반 당시 대중들은 미국의 경제 불황과 함께 세계 대전이 임박하고 있음을 예감하였다. 이들은 이를 눈으로 직접 확인하고 싶어 하였다.

미국의 잡지 발행인으로 이미 『타임』과 『포천』을 성공시킨 헨리 루스(Henry Robinson Luce : 1898~1967)는 이 상황에 주목하였다. 그리고 사실을 있는 그대로 전달하는 사진의 이점에 착안하여 1936년 11월 23일에 주간 그래프지紙인 『라이프Life』를 창간하였다. 독일 사진 잡지들이 도입한 포토저널리즘의 영향이었다.

『라이프』 창간호 표지는 여류 사진가 마거릿 버크화이트(Margaret Bourke-White : 1906~1971)가 촬영한 포트맥 댐 사진을 실었다. 뉴딜 정책으로 건설하기 시작한 댐 사진을 표지는 물론 지면에도 9페이지에 걸쳐 실었다. 댐 건설 노동자와 가족 사진도 게재해 호평을 받았다. 잡지는 곧 절판됐다.

『라이프』는 세계 곳곳에서 일어난 사건, 논설, 국내 소식 등을 다루었는데 뛰어난 사진이 기사를 더욱 가치 있게 만들었다. 이 때문에 46만 부로 시작한 『라이프』는 창간 3개월 만에 100만 부를 넘어섰다. 창간 3년 후에는 200만 부가 팔릴 정도였으며, 1970년에는 850만 부까지 발행되었다.

특히 헝가리 출신의 사진작가이자 종군기자인 로버트 카파(Robert Capa : 1913~1954)가 1938년 스페인 내전 때 찍은 「병사의 죽음」은 『라이프』의 주가를 높여 주었다. 2차 세계 대전 종전 때 뉴욕 타임스퀘어에서 한 여인과 키스하는 해군 장병(1945년), 아폴로 11호의 달 착륙(1969년) 사진 등도 큰 주목을 받았다.

이후 『라이프』는 30여 년 동안 지구촌 곳곳을 누비며 역사의 현장을 기록하였다. 하지만 광고 수입이 감소되면서 경영난을 겪어 1972년 12월 통산 1862호로 휴간되었다.

그 후 1978년에 월간지로 복간되었지만 과거와 같은 인기는 얻지 못하였다. 결국 2000년 5월 표지에 '너무 일찍 태어났다Born Too Soon'는 제목과 함께 조산아의 사진을 실으며 6월부터 두 번째 휴간에 들어갔다.

2012년 현재는 웹사이트로 그 명맥을 유지하고 있다.

* 1954년 5월 25일 '헝가리의 사진작가 로버트 카파, 베트남에서 지뢰를
   밟고 사망하다' 참조

1983년 11월 23일

중국의 후야오방 총서기 일본 방문

1972년 국교정상화 후 중국과 일본은 1980년대에 현실적인 측면에서 교류가 필요하다는 것을 인정하고 실질적인 교류를 확대해 나갔다.

1982년 5월에 중국의 자오쯔양(趙紫陽 : 1919~2005) 수상이 일본을 방문하여 평화 우호, 평등 호혜, 장기 안정이라고 하는 '중일 관계 3원칙'을 제시하였다.

그리고 1983년 11월의 후야오방(胡耀邦 : 1915~1989) 총서기의 일본 방문 때에 '중일 관계 3원칙'에 '상호 신뢰'를 더해 '중일 관계 4원칙'을 제안하였다. 이 회담에서 '중일 우호 21세기 위원회'를 설립하는 데 합의하여 1984년 3월 정식으로 결성되었다.

1967년 11월 23일

중국의 「홍기」 「인민일보」 「해방군보」,
류사오치 부주석 비판

중국공산당 중앙위원회 부주석인 류사오치(劉少奇 : 1898~1969)는 1959년 마오쩌둥(毛澤東 : 1893~1976)으로부터 국가 주석의 자리를 물려받았다.

류사오치는 엘리트 중심적인 사고로 덩샤오핑(鄧小平 : 1904~1997)과 함께 실용주의적 노선을 추진하여 마오쩌둥과 구별되는 정책을 폈다. 하지만 1966년에 문화대혁명이 시작되었고, 베이징 대학교 대자보에 류사오치가 자산계급 노선을 추진하고 있다는 비판이 나왔다.

1967년 11월 23일에는 「홍기」 「인민일보」 「해방군보」 편집부가 공동으로 「중국 농촌에서 두 가지 노선의 투쟁」이라는 논문을 작성하여 류사오치를 반혁명 수정주의노선자라고 비판하였다.

결국 류사오치는 1969년에 당에서 제명되어 2인자의 자리에서 물러나게 되었다.

11월 24일

1894년 11월 24일

중국혁명가 쑨원, 비밀 정치 결사 흥중회를 창립하다

'사람은 그 재능을 다할 수 있어야 하고, 토지는 그 이익을 다할 수 있어야 하며, 물건은 그 쓰임을 다할 수 있어야 하고, 재화는 그 흐름이 통할 수 있어야 합니다.'

-1894년 쑨원이 리훙장에게 보낸 편지

의학교를 마치고 개입한 쑨원(孫文 : 1866 - 1925)은 1894년에 북양해군을 거느리고 있던 실권자인 리훙장(李鴻章 : 1823~1901)을 만나러 톈진으로 갔다. 쑨원은 그에게 정치개혁을 요구하는 의견서를 보냈지만 받아들여지지 않았다. 쑨원은 이때부터 혁명가의 길을 걷기 시작했다.

쑨원이 먼저 한 일은 애국적인 단체를 조직하는 일이었다. 그는 그해 10월 하와이 호놀룰루로 가서 청나라 조정의 부패, 서양과 일본의 침략으로 인한 중국의 위기를 알리고 반청反淸 혁명을 부르짖으며 화교를 모았다. 그리고 11월 24일 비밀 정치결사인 흥중회興中會를 창립하였다.

흥중회의 정치적 목표는 중국을 지배하는 만주족을 몰아내고 한족 중심의 새로운 민주주의 공화국을 수립하는 것이었다. 회원은 상인, 노동자, 지식인, 어부 등 다양한 직업의 사람들로 구성되었다.

쑨원은 다음 해인 1895년 2월 양구운 · 사찬 · 육호동 등과 함께 흥중회 본부를 홍콩에 설립하였다. 흥중회는 하와이, 미국 본토, 동남아시아와 국내 애국단체들의 도움을 받아 반청 운동을 준비하였다.

쑨원은 광저우廣州에 흥중회 분회를 세우고 10월 22일에 무장봉기할 것을 결정하였다. 하지만 그날 아침 계획이 취소되었다. 홍콩에서 가져오기로 한 무기가 제때에 도착하지 못했던 것이다. 이후 계획이 누설되면서 육호동 등 3명은 체포되어 처형당했으며, 쑨원은 일본으로 망명하였다.

흥중회는 1900년 1월 홍콩에서 「중국일보」를 창간하여 혁명 사상을 고취하였다. 그해 화베이華北에서 의화단義和團 운동이 일어나 청 정부가 어려움을 겪자, 10월에 광둥성 혜주에서 2차 거병하였다. 하지만 대만 총독을 통하여 획득하려 했던 무기를 손에 넣지 못하여 거사도 실패하고 말았다. 그렇지만 2차 거병은 최초의 거병과는 다르게 혁명의 바람을 불러일으키는 발단이 되었다.

이후 흥중회는 요코하마·하노이·샌프란시스코 등에 분회를 계속 설치하였다. 한편, 외국에서 선진문물을 경험하고 돌아온 사람들은 누구보다 혁명이 필요하다는 것을 느끼고 있었다. 또한 일본에서 혁명을 고취하는 잡지나 번역서들이 중국으로 들어오면서 혁명 의식이 전국적으로 확산되었다.

이와 같은 분위기에서 1903년에 황싱(黃興 : 1874~1916), 진천화(陳天華 : 1875~1905) 같은 유학생들이 쑹자오런(宋敎仁 : 1882~1913) 등과 협력하여 청나라 타도를 목적으로 후난성湖南省 장사長沙에서 화흥회華興會라는 혁명 조직을 설립하였다. 상하이에서는 차이위안페이(蔡元培 : 1868~1940) 등이 혁명 세력을 모아 광복회光復會를 조직하였다.

그리고 1905년 8월 러일 전쟁을 계기로 화흥회와 광복회가 흥중회와 합쳐 반청反淸 혁명 단체로 국민당의 모체가 되는 중국 혁명 동맹회中國革命同盟會를 일본 도쿄에서 결성하였다. 간단히 동맹회라고 부르는 이 단체는 총리에 쑨원을, 부총리에 황싱을 선출하였으며 1911년 신해혁명辛亥革命을 이끌었다.

* 1900년 10월 8일 '중국의 혁명가 쑨원, 제2차 봉기' 참조

* 1903년 11월 4일 '중국 혁명 조직 화흥회 설립' 참조

* 1905년 11월 26일 '쑨원, 동맹회 기관지 「민보」 창간호에 삼민주의 발표' 참조

* 1911년 10월 10일 '중국 신해혁명이 일어나다' 참조

* 1925년 3월 12일 '중국 근대 혁명의 아버지 쑨원 사망하다' 참조

1876년 11월 24일

일본의 세균학자 노구치 히데요 출생

"가장 위대했다고는 못 하지만, 히데요는 미생물학계에서 파스퇴르나 코흐 이후의 위대한 인물 중 한 사람으로 존중받을 것이다."

-테오발드 스미스, 병리학자

노구치 히데요(野口英世 : 1876~1928)는 1876년 11월 24일 일본 후쿠시마에서 태어나 1897년 도쿄의 사이세이 학사를 졸업하였다.

1900년에 미국으로 건너가 펜실베이니아 대학교에서 뱀의 독을 연구하였으며, 1904년에는 록펠러 의학연구소로 옮겼다.

그는 매독 · 회귀열 등의 병원체가 되는 스피로헤타Spirochaeta를 발견하였으며, 파상풍 · 황열병 등에 관한 업적을 남겼다.

히데요는 황열병 예방백신과 혈청제를 만들기 위해 서부 아프리카로 갔으나 결국 해결하지 못하고 1928년 황열병에 걸려 사망하였다.

1981년 11월 24일

미국 보잉사, 순항미사일 첫 생산

순항(크루즈)미사일은 컴퓨터가 조종하는 무인 비행기라고 할 수 있다. 이 미사일의 원조는 독일의 v1미사일인데, 제트엔진과 무인조정 장치를 탑재하였다. 그 후 비슷한 미사일이 만들어졌지만 실용화되지 못하였다.

그 후 컴퓨터의 발달과 맞물려 1980년대부터 본격적으로 순항미사일이 만들어지기 시작했다. 1981년 11월 24일에 미국의 보잉사가 순항미사일을 처음으로 생산하였다.

그리고 1984년에 길이 5.56m, 사정거리 1,609km, 속도 880km/h의 토마호크Tomahawk 순항미사일을 개발하였다. 1991년 걸프전쟁 당시 CNN 기자가 도로를 따라 날아오다가 방향을 꺾는 토마호크를 찍어 유명해지기도 했다.

11월 25일

미국의 철강왕 앤드루 카네기가 태어나다

"내가 젊은이들에게 해주고 싶은 말은 평생 한 가지 일에 모든 시간과 노력을 기울일 뿐만 아니라 가지고 있는 재산도 모두 그 일에 쏟아 부으라는 것이다. 나는 비교적 일찍 평생의 사업을 결정했다. 나는 철강 사업에 전념하여 그 분야의 제1인자가 될 작정이었다."

-앤드루 카네기

앤드루 카네기(Andrew Carnegic : 1835~1919)는 19세기 후반 미국의 철강 산업을 성장시킨 주역이며 당대 최고의 자선 사업가이다. 카네기는 1835년 11월 25일 스코틀랜드 던펌린에서 태어났다.

그는 13세가 되던 1848년에 가족을 따라 미국 피츠버그로 건너가 살았다. 어린 나이 때부터 점원, 기관 조수, 우편배달부, 전신기사 등 많은 일을 해야 했지만 어떤 일을 하든지 세계 최고가 되려는 마음을 먹고 일했다.

우편배달부가 되었을 때는 세계에서 가장 빨리 전보와 편지를 배달하기 위해 자기가 맡은 구역의 주소를 모두 외웠다. 그렇다고 일이 쉬운 것만은 아니었다.

카네기는 부자가 되어 이사를 할 때마다 잊어버리지 않고 챙기는 그림이 하나 있었는데, 그것은 평범한 화가가 그린 값싼 그림이었다. 그림에는 바닷가의 조그만 배와 썰물이 훑고 지나간 뒤에 지저분하게 널려 있는 쓰레기와 나무 조각들이 그려져 있었다. 볼품없는 그림이었지만 맨 아래에 이런 말이 쓰여 있었다.

반드시 밀물이 밀려올 때가 있으리니.

카네기는 시련 앞에서 좌절하고 있을 때에도 희망을 버리지 않고 일하였다. 세계 최고가 되겠다는 꿈을 가지고 전신기사로 성실히 일하고 있던 카네기를 지켜보던 펜실베이니아 철도회사 사장 토머스 스콧은 18세에 불과한 그를 비서로 고용하였다. 이때부터 카네기는 성공가도를 달렸다.

카네기는 1859년에 철도 회사의 서부 지역 책임자가 되었고, 번 돈

을 유정 사업과 금융 회사에 투자하면서 큰 이익을 보았다. 30세 무렵
에는 1년 수익이 5만 달러에 이르렀다.

돈이 어느 정도 모이자 카네기는 직접 경영자가 되기로 결심했다. 사
업 구상 끝에 철강업이 전망이 있다고 판단하여, 1865년에 회사를 그
만두고 기관차 제작 회사를 세워 경영하였다. 카네기는 2년 후에 대륙
횡단 철도에 침대차를 운행하여 많은 돈을 벌었다.

1870년에는 루시 용광로를 건설하고 제철업계 최초로 화학자를 고
용하기도 하였다. 그리고 1872년에 카네기 철강 회사의 전신이 되는
철강 회사를 피츠버그에 세웠다.

이 당시 카네기는 강철 레일을 팔아야 했는데 구매자를 구하지 못하
였다. 그런데 에드가 톰슨이라는 펜실바니아에 있던 한 철도회사 사장
이 구매를 망설인다는 정보를 입수하였다. 카네기는 망설이지 않고 피
츠버그에 세우고 있던 철강회사의 이름을 '에드가 톰슨 철강 회사'라고
이름 붙였다. 구매는 성공적으로 이루어졌다. 에드가 톰슨 강철 회사는
성공적으로 운영되었다.

카네기는 당시에 잘 알려지지 않은 신기술을 도입하는 데 망설이지
않아, 베세머 제철 공정을 영국에서 들여왔고 미국 제철업계 최초로 염
기성 평로를 도입하기도 했다.

미국은 1870년대부터 산업계에 기업 합병M&A의 붐이 일고 있었다.
카네기는 이 기회를 잘 이용했다. 요즘에는 많은 제한이 따르는 것이
지만 당시 카네기는 자신의 회사와 경쟁이 되는 업체를 매입하면서,
1892년에는 카네기 철강 회사를 설립하였다.

이 회사는 피츠버그 제강소를 중심으로 석탄, 철광석, 광석운반용 철
도, 선박 등을 하나로 묶는 당시 세계 최대의 철강 트러스트로서 미국

철강 생산의 4분의 1 이상을 차지하였다. 이때부터 카네기의 이름 앞에는 '철강왕'이라는 이름이 붙게 되었다.

하지만 카네기는 1901년 회사를 제이피 모건의 US철강회사에 4억 8,000만 달러를 받고 매각하였다. 이때부터 카네기는 경영 일선에서 물러나 교육과 자선사업에 몰두하였다.

카네기의 인생을 부를 축적하는 전반기와 축적된 부를 사회복지를 위해 환원하는 후반기로 나누기도 하는데, 후반기의 카네기는 전 재산의 90%를 사회에 기부하여 미국과 영국 등에 2,509개의 공공도서관, 카네기 공과대학, 카네기 교육진흥재단 등을 건립했다. 재산에 대한 그의 생각은 이러했다.

"부는 재분배하는 것이 아니라 관리해야 하는 것이다. 재산을 안고 지구의 품으로 돌아가는 사람들은 천국에서 명패를 찾을 수 없을 것이다."

카네기는 죽기 전에는 '철강왕'이라는 이름을, 죽은 후에는 '당당한 부자들의 원조'라는 명예를 안았다.

1970년 11월 25일

일본 작가 미시마 유키오 할복자살

1970년 11월 25일 오전 10시 40분쯤, 작가 미시마 유키오(三島由紀夫 : 1925~1970)는 다테노카이楯の會 회원 4명과 함께 도쿄 시내 육상자위대 총감부에 난입하였다. 다테노카이는 국화와 일본도를 일본 정신의

핵으로 파악하고 '무사도'를 일본 정신의 원형으로 여기고 있었다. 이들은 총감을 인질로 잡고 2층 발코니에서 1,000여 명의 자위대원들을 향해 궐기할 것을 요구했다.

"지금 일본 혼을 유지하는 것은 자위대뿐이다. 너희는 사무라이다. 자신을 부정하는 헌법을 왜 지키고 있단 말인가!"

하지만 평화헌법을 뒤엎고 천황제를 실시하자는 그의 허황된 외침에 자위대원들은 냉소와 경멸을 보였다. 이에 그는 "천황폐하 만세"를 외치며 할복자살하였다.

미시마는 1925년 도쿄에서 고위공무원의 아들로 태어났다. 본명은 히라오카 기미타케平岡公威다. 귀족학교로 유명한 도쿄의 가쿠슈인 대학을 거쳐 1947년에 도쿄 대학교 법학부를 졸업하였다. 이후 대장성 금융국에서 일하다가 가와바타 야스나리(川端康成 : 1899~1972)의 추천을 받아 문단에 데뷔하였다.

그가 1949년에 발표한 첫 소설 『가면의 고백』이 당시에는 드문 동성애자가 겪는 고통을 묘사하며 큰 반향을 불러일으켰다. 이후 『사랑의 목마름』『금지된 색』『파도 소리』『향연이 끝난 후』 등을 잇달아 발표하였다. '일본적 미美의식에 바탕을 둔 전후 최대의 작가'라는 평을 들을 정도로 삶 자체를 최고의 예술로 여기는 탐미주의 작가로 이름을 떨쳤다.

하지만 그는 애국심과 군국주의에 매혹돼 전후의 일본을 못마땅하게 여겼다. 일본의 전통 무술인 가라테와 검도를 연마하는가 하면 천황제를 수호하자는 주장도 했다. 그런 주장이 받아들여지지 않자 할복자살이라는 극단적인 선택을 한 것이었다.

이 사건 이후로 미시마는 일본 우익의 정신적 지주로 부상했다. 그리고 일본 사회 전반에 걸쳐 군국주의의 망령이 다시 출몰하기 시작했다.

1936년 11월 25일

독일과 일본, 방공 협정 체결

1936년 11월 25일 나치 독일의 외교 고문 요아힘 폰 리벤트로프 (Joachim von Ribbentrop : 1893~1946)와 일본 제국의 독일 대사 무샤코지 긴토모(武者小路 : 1882~1962)는 코민테른과 소련에 대항하기 위해 방공 협정防共協定을 체결하였다.

이는 독일이나 일본이 소련의 침략을 받을 경우 양국 모두의 이익을 보호하기 위해 특별한 조치를 취한다는 내용을 담고 있었다.

하지만 중일 전쟁이 시작되면서부터는 당초의 뜻과는 달리, 소련보다도 오히려 미국 · 영국 · 프랑스에 대항하는 방향으로 그 성질이 바뀌었다.

이듬해인 1937년 11월에는 이탈리아가 이 협정에 서명하면서 '독 · 이 · 일 방공 협정'으로 이름이 바뀌었다. 1940년에 성립된 독 · 이 · 일 3국 동맹은 이 방공 협정이 발전한 것이다.

1941년 11월에 개정된 새 협정에 따라 유효 기간이 5년간 더 연장되었다. 이때 프랑코 지배하에 있던 스페인과 일본의 괴뢰국인 만주국도 이 협정에 서명하였다.

11월 26일

1906년 11월 26일

일본, 남만주 철도 주식회사를 설립하다

창춘-뤼순 구간 및 그 일체의 지선, 동同지방에 있어 이에 부속하는
일체의 권리 · 특권 · 재산 및 동同지방에 있어 철도에 속한, 또 그
이익을 위해 경영되는 일체의 탄광을 보상 없이 일본과 청국淸國 정
부의 승낙을 받아 일본 제국 정부로 이전 및 양도해야 한다.

-포츠머스 조약 중 일부

일본은 러일전쟁에서 승리한 후 1905년 9월에 체결한 포츠머스 조약에서 러시아로부터 조선에 대한 지배권을 인정받았고 동시에 창춘長春 이남의 철도부설권을 할양받았다. 그리고 청국 정부로 이 권리를 인정받기 위해 12월에 만주에 관한 조약, 일명 일청만주선후조약을 강제로 체결하였다.

1906년 1월에는 육군 참모총장인 고다마 겐타로(兒玉源太郎 : 1852~1906)를 위원장으로 하는 만주경영위원회가 조직되었으며, 그해 6월 칙령 제142호로서 '남만주 철도 주식회사에 관한 건'을 공포했다.

남만주 철도 주식회사(만철)는 군사적 색채가 짙은 국가기관 성격의 주식회사였다. 회사의 자본금은 총 2억 엔으로, 그중에서 1억 엔은 일본 정부가 지원하였다. 만철은 그해 11월 26일에 창립총회를 열고 정식으로 설립되었다. 다음 해인 1907년 3월부터 영업을 시작하였으며 4월부터는 만철 국제열차를 운행하였다.

만철 설립의 본질은 일본이 중국 동북 지방의 침략을 목적으로 한 것이다. 고다마가 작성한 「만주 경영책 경개滿洲經營策梗槪」에 이런 내용이 나온다.

전후 만주 경영의 유일한 비결은 겉으로는 철도 경영의 가면을 쓰고, 속으로는 각종 시책을 시행하는 것에 있다.

또한 1937년 남만주 철도 총재에 취임하여 침략 정책의 주동자였던 마쓰오카 요스케(松岡洋右 : 1880~1946)는 '우리의 대對러시아, 대對 만주 정책의 근본을 확립하며, 야마토 민족 대륙발전의 생명선인 동시에 전국 안정의 동맥이다.'라고 만철을 규정하였다.

1925년에는 만철을 중심으로 우리나라의 경성역을 재건축하였다. 이 또한 식민지 지배를 위한 기점으로 삼아 제국주의를 확대하기 위한 것이었다.

만철은 일제의 대륙 침략에 따라 철도를 더욱더 확대시켜 갔다. 특히 1932년 만주국滿洲國이 성립하자 배일철도排日鐵道를 만철에 흡수시켰고, 1935년에 소련과 동지철도東支鐵道의 매매협정을 체결하여 노선을 중국 동북지방 전 지역으로 확대하였다.

하지만 1945년 일본이 패전하면서 영업이 중단되었다. 이후 소련이 접수하였다가 1952년 중국에 반환되었다.

1905년 11월 26일

쑨원, 동맹회 기관지 「민보」 창간호에 삼민주의 발표

"우리 중국은 인구가 일본에 비해 엄청나게 많은데도 아직도 서구 열강국으로부터 멸시당하고 있습니다. 그 원인은 일본이 민족주의를 가졌음에 비해 우리는 민족주의를 갖지 못한 때문입니다."

-쑨원의 삼민주의 중 민족주의 강의

중국 근대 혁명의 아버지라 불리는 쑨원(孫文 1866~1925)은 1905년에 중국 혁명 동맹회를 설립하였다. 그리고 그해 11월 26일 동맹회 기관지 「민보」 창간호에 삼민주의를 발표하였다.

삼민주의 중에 민족주의는 만주족과 이를 지원하는 제국주의에 반대하여 한족(漢族) 국가를 세우는 것에서 출발하였다. 그러나 1924년 제1차 국민당 전국대표 대회에서는 모든 중국의 5족들이 평등권과 자결권을 가져야 한다고 규정하여 의미를 확대했다.

민권주의는 민주주의라는 용어로 바꾸어 말하기도 했는데, 처음에는 군주주의(君權主義)에 대한 반대에서 출발하였다. 이는 인민의 선거에 따른 공화국 정부와 의회 제도의 수립에 있었다. 그 후 영국과 미국식 대의 정치의 결점을 보완하여 중국적 민권주의 사상을 만드는 데 주력하였다.

민생주의는 인민들의 안정적인 생활을 목적으로 하고 있으며 여기에 사회주의적 이상이 담겨 있지만, 쑨원 자신도 명확하게 설명하지 못했다. "민생주의는 사회주의이고 대동주의이다." 혹은 "공산주의는 민생주의의 이상이고 민생주의는 공산을 실행하는 것이다."라고 말하는 등 정확한 정의가 힘들다. 대표적인 정책은 토지개혁을 통해 토지소유권을 고르게 하는 것이었다.

삼민주의는 서로 연결되어 하나의 사상 체계를 형성하지만, 중국의 모든 세력이 여기에 따른 것은 아니었다. 새로운 사회를 어떻게 만들 것인지에 관해 혁명파와 입헌파로 나뉘어 치열한 논쟁이 오갔다. 특히 혁명파는 양계초(梁啓超 : 1873~1929) 같은 입헌파의 사상으로는 중국의 근본적인 문제를 해결할 수 없다고 보았다.

그 후 장제스(蔣介石 : 1887~1975)는 1927년 국공 분열을 계기로 삼민주의에서 사회주의적인 요소를 배격하고 보수적 측면만을 형식적으로 강조하였다.

* 1894년 11월 24일 '중국혁명가 쑨원, 비밀 정치결사 흥중회를 창립하다' 참조

* 1900년 10월 8일 '중국의 혁명가 쑨원, 제2차 봉기' 참조

* 1925년 3월 12일 '중국 근대 혁명의 아버지 쑨원 사망하다' 참조

1924년 11월 26일

몽골 인민 공화국 수립

몽골은 13세기 초에 칭기즈칸(Chingiz Khan : 1162~1227)이 거대한 제국을 수립하였으나, 원나라가 망한 이후에는 중국의 제후국으로 분열하였다.

중국에서 1911년 10월에 신해혁명이 일어나자, 몽골의 지도자들은 그해 12월 지금의 울란바토르에서 러시아의 지원을 받아 독립을 선언하였다. 그리고 1924년 11월 26일 몽골 인민 공화국을 수립하여 세계에서 2번째로 공산주의 국가가 되었다.

이후 1992년에 몽골 공화국으로 국가명을 바꾸면서 복수정당제를 원칙으로 하는 민주주의 국가로 체제를 변경하였고 시장경제를 도입하였다.

11월 27일

1901년 11월 27일

노벨상이 제정되다

나의 전 재산을 아래와 같은 방식으로 처리할 것을 밝혀 둔다.

원금은 나의 집행인들에게 맡겨 안전한 곳에 투자해 기금을 조성하게 하고, 거기서 나오는 이자는 지난해 인류에 가장 큰 공헌을 한 사람들을 선정해 상을 주는 형태로 매년 지급하도록 한다. 앞서 언급한 이자는 5개 부문에서 공헌한 사람들에게 골고루 분배하도록 한다.

첫째, 물리학 분야에서 가장 중요한 발견이나 발명을 한 사람, 둘째 화학 분야에서 가장 중요한 발견이나 발명을 한 사람, 셋째 생리학이나 의학 분야에서 가장 중요한 발견이나 발명을 한 사람, 넷째 문학 분야에서 가장 탁월한 이상주의적인 경향의 작품을 쓴 사람, 다섯째 국가 간 우애를 돈독히 하거나 군대를 폐지 또는 축소시키거나 평화 회담을 주창·개최하는 데 가장 큰 공을 세운 사람이다.

상을 수여하는 데 있어 어떠한 경우에도 후보자의 국적이 고려되어서는 안 된다는 것이 나의 바람이다. 따라서 상은 스칸디나비아인이든 아니든 상관없이 수상할 가치가 있는 사람에게 수여되어야 한다.

-알프레드 노벨 유언장

스웨덴의 발명가이자 실업가인 알프레드 노벨(Alfred Bernhard Nobel : 1883~1896)은 1896년 12월 이탈리아의 한 별장에서 뇌출혈로 사망하였다.

이후 1897년 그의 생존 당시 7년간에 걸쳐 세 차례나 수정했던 유언장이 공개되었다. 노벨의 유언장에 따르면, 자신의 거의 모든 재산을 털어 재단을 만들어 매해 다섯 개 분야에서 인류에 공헌한 이들에게 상과 상금을 주도록 하였다.

이런 유언에 따라 노벨 재단이 1896년 12월 10일 그의 유언 내용을 집행하는 한편 그가 남긴 재산을 관리하기 위해 설립되었다. 그리고 물리학, 화학, 생리의학, 문학, 평화 분야에서 인류에게 공헌한 사람에게 상을 수여하기 위한 노벨상이 1901년 11월 27일 제정되었다. 최초의 노벨상 시상식은 노벨이 사망한 지 5년째인 1901년 12월 10일에 치러졌다.

이후 경제학상이 1968년부터 추가로 스웨덴 리크스방크에 의해 제정되었다. 노벨은 자신의 유언장에서 노벨상을 수여하는 기관으로 4개의 기관을 지목한 바 있었다.

스웨덴 왕립 과학 아카데미는 물리학상, 화학상, 경제학상을 수여한다. 생리의학상은 카롤린스카 의학연구소에서, 문학상은 스웨덴 아카데미에서, 평화상은 노르웨이 노벨위원회에서 수여한다. 노벨 재단은 수상자 선정 업무에 관여하지 않는다.

매년 12월 10일 스웨덴 왕립아카데미와 노르웨이 노벨위원회가 주최로 평화상은 노르웨이 오슬로에서, 그 외의 상은 스웨덴 스톡홀름에서 개최한다.

-알프레드 노벨 유언장

노벨상 선정 작업은 그 전해 초가을에 시작된다. 이 시기에 노벨상 수여 기관들은 한 부문당 약 1,000명씩 6개 분야 6,000명에게 후보자 추천을 요청하는 안내장을 보낸다. 안내장을 받는 대상은 전해의 노벨상 수상자들과 상 수여기관을 비롯해 각 분야에서 활동 중인 학자들과 대학교 및 학술단체 직원들이다.

안내장을 받은 사람들은 해당 후보를 추천하는 이유를 서면으로 제출해야 하며 자기 자신을 추천하면 자동으로 자격을 상실하게 된다. 후보자 명단은 이듬해 1월 31일까지 노벨위원회에 도착해야만 한다. 후보자는 각 부문별로 보통 100~250명 정도 된다. 2월 1일부터 노벨위원회는 접수된 후보자들을 대상으로 각각 선정 작업에 들어간다. 이 기간 동안 각 위원회는 수천 명의 인원을 동원해 후보자들의 연구 성과를 검토한다.

각 노벨위원회는 9월에서 10월 초 사이에 스웨덴 왕립 과학 아카데미와 각 상 수여기관에 추천장을 제출한다. 상 수여기관에서 행해지는 심사 및 표결 과정은 철저히 비밀에 부쳐지며 11월 15일까지는 최종 수상자를 결정해야 한다.

상은 평화상을 제외하고는 개인에게만 주도록 규정하고 있다. 죽은 사람은 수상 후보자로 지명하지 않는 것이 원칙이지만 생전에 수상자로 지명된 경우는 사후에도 받을 수 있다. 일단 수상자로 결정되고 나면 번복할 수 없다.

노벨상은 금메달과 상장, 그리고 노벨 재단의 수입에 비례해 책정되는 일정 금액의 상금으로 구성된다. 이 상금은 한 해 이자 수입의 67.5%를 이듬해의 5개 부문 상금으로 5등분하여 시상하며, 경제학상은 스웨덴 중앙은행에서 별도로 마련한 중앙은행 300주년 기금에서 나온다. 상금은 2011년까지는 각 부문별 1,000만 스웨덴 크로나우였다.

수상자기 1명일 때는 상금 전액이 지급되며, 2명일 때는 상금을 반으로 나누어 지급한다. 3명일 때에는 3등분하기도 하고, 1명에게 반을 그리고 나머지를 다른 두 명에게 반씩 지급하기도 한다. 수상을 사양하거나 거부할 경우 상금은 기금으로 환수된다. 그러나 이럴 경우에도 일단 수상자로 결정되면 수상 거부라는 언급과 함께 노벨상 수상자 명단에 기재된다.

한편 노벨이 자신의 이름을 딴 상을 제정한 이유에 대해 아무한테도 알리지 않았다. 아마도 1888년에 발생한 오보 사건이 그로 하여금 노벨상을 제정하게 한 게 아니었을까 하는 추측이 유력하게 회자되고 있다. 오보 사건은 알프레드의 형 루트비히가 그 해 프랑스 칸에 머물다 사망한 사건을 말한다.

당시 프랑스 신문들은 대개 루트비히의 사망을 보도했다. 그런데 그와 알프레드를 혼동한 어느 신문에서는 '죽음의 상인, 사망하다'라는 제목의 기사를 내보냈다. 사람들은 노벨이 이때의 사망기사를 통해 자신의 사망 이후 나올 오명을 피하기 위해 상을 제정했을 거라는 추측을 하고 있다.

어쨌거나 분명한 사실은 노벨이 설립한 상이 물리학, 화학, 생리학, 문학 분야에 대한 평생에 걸친 그의 관심을 반영하고 있다는 점이다. 평화상 설립은 오스트리아 출신의 평화주의자인 베르타 폰 주트너와의 교분 때문이라는 얘기가 있다.

그러나 노벨은 사실 역설과 모순으로 가득 찬 인물이다. 그는 현대전에 사용된 강력한 폭탄을 발명했을 뿐만 아니라, 인류에 이바지한 지적인 업적에 수여하는 가장 권위 있는 상을 제정하기도 했다는 점 때문에 그러하다.

* 1833년 10월 21일 '스웨덴의 발명가 노벨이 태어나다' 참조

1940년 11월 27일

중국의 무술 배우 리 샤오룽이 태어나다

절권도는 단지 내가 추구하는 무술을 부르는 이름일 뿐입니다. 수련자가 익히고자 하는 것을 마음껏 자유롭게 익히는 것이야말로 충실한 자기 표현이며 절권도의 철학입니다. 절권도는 수련자에게 고정된 품세를 내세우거나 익히도록 하지 않습니다.

-리 샤오룽, 「절권도」

쌍절곤과 야수와 같은 기합 소리 그리고 노란색 운동복으로 영화계를 풍미한 리 샤오룽(李小龍 : 1940~1973)은 1940년 11월 27일 미국 샌프란시스코에서 태어났다. 본명은 이진번李振藩이다.

그의 영문 이름인 브루스 리Bruce Lee는 미국에서 출생 신고를 할 때 병원 간호사가 즉석에서 지은 것이었다. 그는 타고난 운동 신경으로 차츰 무술에 빠지기 시작했다. 아버지에게서 태극권太極拳을 배우고 무술인 섭문(葉問 : 1893~1972)에게서 영춘권詠春拳을 배웠다.

1958년에 홀로 미국행 여객선에 올라탄 리는 워싱턴 대학교 철학과에 입학하였다. 그는 화교 식당 등에서 일하며 생활비와 학비를 벌어야 하는 고된 생활 속에서도 운동을 게을리 하지 않았다. 이런 상황 속

에서 그는 태권도 · 공수도 · 유도 · 권투 · 무에타이아 여러 중국 무술을 섭렵하면서 각 무술의 특징과 형식 등을 분석하여 절권도截拳道를 창안하였다.

"무한無限함을 한계로 삼고 무법無法으로 법을 정한다."

리가 절권도의 기본 원칙으로 내세운 말이다. 절권도는 다른 무술처럼 고정된 형식이나 규율에 구애받지 않고 적극적으로 다른 무술의 장점을 받아들였다. 절권도는 여러 동서양 무술과 철학을 익히면 서 만든 결과물이다. 리는 영화배우가 아닌 그의 묘비명에 쓰인 것처럼 '절권도의 창시자'로 세상에 기억되길 원했다.

그리고 1964년 같은 학교 학생인 린다 에머리(Linda Emery : 1945~)와 결혼하였고, 넉넉지 않은 경제 형편 때문에 학교를 중퇴하고 오클랜드에 무술도장을 열었다. 무술도장의 홍보를 위해 참관했던 무술 대회에서 절권도 시범을 보였는데, 이때 영화사의 권유를 받고 무술감독으로 일하였다.

그 후 텔레비전 연속극에 출연하면서 그의 존재를 전 미국에 알리고 당시 유명 영화배우와 농구선수를 지도하였다. 미국인의 유색 인종 차별을 느낀 리는 자신이 원하는 영화를 만들기 위해 과감히 홍콩으로 돌아갔다.

첫 번째 작품인 「당산대형唐山大兄」에서 리의 날렵한 발차기와 몸놀림 그리고 맨몸으로 수많은 적을 물리치는 모습은 수많은 관객들 을 단숨에 사로잡았다. 뒤이은 「정무문精武門」과 「맹룡과강猛龍過江」의 흥행 성공으로 미국 영화사와 합작하여 「용쟁호투龍爭虎鬪」를 제작하였다.

하지만 1973년 7월 20일 홍콩의 한 아파트에서 쓰러진 리는 급히 병원으로 후송됐지만 이미 손쓸 겨를이 없었다. 그의 사망 원인에 대해 수십 년이 지난 지금까지 수많은 추측이 난무하고 있지만 공식적인 그의 사인은 뇌부종이었다.

한편 그의 유작인 「사망유희死亡遊戲」는 격투 장면만 찍었기 때문에 그와 외모가 비슷한 사람을 대역으로 수소문하여 어렵사리 완성할 수 있었다.

* 1973년 7월 20일 '무술배우 리 샤오룽, 돌연 요절하다' 참조

1943년 11월 27일

미국 · 영국 · 중국, 카이로 선언 채택

일본은 폭력과 탐욕에 의해 빼앗은 모든 지역으로부터 물러난다. 앞의 3국은 한국인들의 노예 상태에 유의하여 적당한 시기에 한국을 자유 독립 국가로 할 것을 결정한다.

제2차 세계 대전 중에 연합국 국가들은 전쟁이 끝난 후의 세계에 대한 구상에 들어갔다. 카이로 선언은 그 첫 번째 중요한 회담이었다.

이 회담은 일본 제국의 운명을 토의하기 위한 것으로, 미국의 프랭클린 루즈벨트(Franklin Delano Roosevelt : 1882~1945) 대통령, 영국의 윈스턴 처칠(Winston Leonard Spencer Churchill : 1874~1965) 수상, 중국의 장제스(蔣介石 : 1887~1975) 대원수가 참가하였다.

그 내용은 일본이 중국에서 빼앗은 영토를 중국에 반환한다는 것이며, 한국은 '적당한 시기에in due course' 자유 독립 국가로 한다는 것이었다.

이 선언은 1943년 11월 27에 채택되어 12월 4일에 서명되었다. 1945년 7월 포츠담 선언으로 재확인되었다.

*** 1945년 7월 26일 '미국 · 영국 · 소련, 포츠담 선언 발표' 참조**

2000년 11월 27일

노르웨이 라에르달 터널 개통

라에르달 터널은 노르웨이 수도 오슬로와 해안도시 베르겐을 잇고 있다. 1995년부터 공사에 들어가 2000년 11월 27일에 개통되었다. 6년 동안 총 공사비 1억 500만 달러가 소요되었다.

길이가 24.5km로 개통 당시 세계에서 가장 긴 터널이었다. 그래서 차량 운전자의 부담을 덜어주기 위해 중간에 3개의 동굴을 설치하여 전체를 4개의 부분으로 나누었다. 또한 화재가 발생할 경우를 대비해 연기와 유독가스는 별도로 설치된 파이프로 빠지도록 설계되었다.

이 터널 개통으로 인해 통행 시간이 2시간 정도 단축되었으며, 터널 안에서는 휴대전화 이용과 라디오 수신이 가능하였다.

11월 28일

2010년 11월 28일

위키리크스, 미국의 외교 문서 공개로
파문을 일으키다

"자유와 정의가 결핍된 곳에서는 윤리적으로 무장된 시민의 저항이 불가피하다. 우리는 모든 독재 정권과 폐쇄적이고 비밀스러운 기관 및 비윤리적인 기업들에게 있어 단순히 국제적 외교 관계, 선거, 정보의 자유에 대한 제재뿐 아니라 보다 강력한 수단을 통한 압박이 필요하다고 생각한다. 그러한 정부나 기관들 내부에 존재하는 개개인의 양심과 윤리관에 의해 가능할 것이다. 이것이 위키리크스의 기본 철학이다.

-줄리안 어샌지

2006년 12월 '언론과 자유의 검열 반대' 등을 주장하는 위키리스크라는 폭로 전문 웹사이트가 개설되었다. 이 사이트의 설립자는 호주의 컴퓨터 프로그래머 출신인 줄리안 어샌지(Julian Paul Assange : 1971~)였다.

위키리크스는 익명의 제보를 받아 자체 검증을 거쳐, 국가나 단체의 비도덕적인 비밀을 폭로하였다. 또한 정보 제공자를 보호하기 위해 스웨덴과 아이슬란드 등 취재원 보호가 보장된 나라에 서버를 두었다. 800여 명의 자원봉사자와 1,000여 명의 기술지원단 및 소송에 대비한 법률지원단이 활동하고 있다. 네티즌들의 후원금과 각종 단체의 기부금을 받아 운영하고 있다.

2001년 11월 28일 위키리크스는 미국의 비밀 외교 전문 25만 1,287건을 폭로해 미국을 궁지에 몰아넣었다. 이 외교 문서는 전 세계 274개 미국 대사관과 미국 워싱턴 DC에 있는 국무부 사이에 오간 전문이었다. 이 중 1만 5,652건은 '비밀'로 분류되어 있는 문서였다. 이 중 220개의 전문이 영국의 「가디언」, 독일의 「슈피겔」, 미국의 「뉴욕타임스」 등을 통해 동시에 공개되었다.

미국 정부가 공식적으로 분류하는 정보 등급 중 가장 높은 등급은 '일급비밀top secret'이다. 만약 공개된다면 미국 국가 안보에 '특별히 심각한 피해'를 불러일으키는 정보다. 다음이 '비밀secret' 등급이며, 그 다음이 '대외비confidential' 등급이다. '분류하지 않은 정보unclassified'는 다시 '민감하긴 하지만 분류하지 않은 정보'나 '관료만 볼 수 있는 정보' 등으로 나누기도 한다. 위키리크스가 공개한 전문 25만여 건에는 '일급비밀'로 분류된 정보는 포함되어 있지 않았다.

하지만 이 문건에는 각국 지도자들에 대한 적나라한 평가가 담겨 있었다. 당시 뇌졸중으로 육체적, 신체적 후유증을 앓고 있는 북한의 김

정일(金正日 : 1942~2011) 국방위원장을 '무기력한 늙은이'라고 묘사했으며, 러시아의 블라디미르 푸틴(Vladimir Vladimirovich Putin : 1952~) 총리는 '알파 독Alpha Dog'으로 불렸다. 알파 독은 무리 중 가장 지배적인 수컷을 일컫는다.

프랑스 니콜라 사르코지(Nicolas Paul Stephane Sarkozy de Nagy-Bocsa : 1955~) 대통령은 '신경과민'과 '권위주의적'이라고 평가됐으며, 독일 최초의 여성 총리 앙겔라 메르켈 (Angela Dorothea Merkel : 1954~)에 대해서는 '위험을 감수하지 않고 창의성이 부족하다'고 평가되어 있었다. 이란의 마무드 아마디네자드(Mahmoud Ahmadi Nejad : 1956~) 대통령은 '히틀러'로 묘사됐다.

미국 정부가 우리나라의 반기문(潘基文 : 1944~) 사무총장 등 국제 연합UN 핵심 관계자들의 인적사항은 물론 신용카드 번호, e메일 주소, 전화 및 팩스 번호, 자주 사용하는 항공편 등 정보를 수집하도록 정보요원들에게 지시하도록 한 사실도 밝혀졌다.

이후에도 위키리크스는 영국 극우파 소수정당 인사들의 개인정보, 미국 공화당 부통령 후보였던 세라 페일린의 e-메일, 아프리카 부근 독극물 투기 관련 서류 등을 공개하였다. 또한 2007년에는 이라크에서 미군 아파치 헬기 조종사가 민간인 12명을 반군으로 판단하고 사살하는 동영상을 공개해 파장을 불러일으켰다. 이는 이라크 전쟁의 참혹한 실상을 세계에 알리는 데 크게 기여했다.

이를 통해 위키리크스는 기존 언론이 다루지 못했던 폭로 저널리즘의 전형을 보여 주었다. 따라서 일부에서는 이런 보도들이 일방적인 폭로에 불과하다는 지적을 한다. 하지만 탐사 저널리즘의 모범이라는 평가도 적지 않다.

한편 어샌지는 2010년 스웨덴 여성 2명에게 성범죄를 저질렀다는 혐의로 기소되었다. 그는 스웨덴 송환 위기에 처하자 런던 주재 에콰도르 대사관으로 피신하여 정치적 망명을 신청하였다. 이에 에콰도르 정부는 2012년 8월 어샌지의 망명을 공식 허용하였다.

1908년 11월 28일

프랑스의 인류학자 레비 스트로스가 태어나다

다른 사회가 우리의 사회와 다르다는 것을 알게 됨으로써 우리는 자신의 사회로부터 멀어질 수 있다. 이 사실은 우리 사회가 절대적으로 악하다거나 또는 다른 사회가 악하다는 것을 의미하는 것이 아니다. 차라리 우리 사회는 우리가 뛰어넘어야 하는 유일한 사회라는 점을 나타낼 뿐이다.

-레비 스트로스, 『슬픈 열대』

클로드 레비 스트로스(Claude Levi-Strauss : 1908~2009)는 1908년 11월 28일 벨기에 브뤼셀에서 유태인계 프랑스인으로 태어났다. 그는 파리 대학교에서 철학과 법률을 공부한 뒤 1934년 브라질 상파울루 대학교의 사회학 교수로 재직하며 학생들을 가르쳤다.

그리고 이때부터 브라질 내륙을 여행하였고, 1938년부터는 교수직을 그만두고 프랑스 정부의 지원을 받아 브라질 중부지역을 폭넓게 답사하였다. 이때의 경험과 연구를 바탕으로 『슬픈 열대』를 집필하였다.

레비 스트로스는 브라질 답사 후 1939년에 프랑스로 돌아와 고등학교에서 철학을 가르쳤으나 유대인이라는 이유로 해직되어 1941년에 미국으로 건너갔다.

이후 그는 뉴욕의 신사회연구원에서 남아메리카에 대한 강의를 맡았는데, 같은 연구원에 있던 언어학자 로만 야콥슨(Roman Jakobson : 1896~1982)으로부터 페르디낭 드 소쉬르(Ferdinand de Saussure : 1857~1913)의 사상과 구조 언어학을 소개받았다.

이때 야콥슨과 소쉬르의 연구를 문화 분석에 적용하여 구조주의 방법론을 창안하였고 이것을 인류학에 적용하였다. 박사학위 논문인 「친족의 기본구조」는 언어의 구조와 친족의 구조 사이에 형식적인 대응이 존재한다는 가정에서 출발한 것으로 출간되자마자 사상계의 큰 호응을 받았다.

그리고 1955년에 '나는 여행과 탐험가를 싫어한다. 그렇지만 이제 나의 여행담을 얘기하려고 한다.'로 시작하는 『슬픈 열대』를 출간하였다. 이 책은 서구 문명에 의해 파괴되는 '슬픈 열대'에 대해 인류학자의 입장에서 서술하고 있다. 또한 문명과 야만이라는 이분법으로 세상을 바라보는 서양 문명을 비판하고 문화적 다양성이란 측면에서 세상의 문화를 이해할 것을 주장하고 있다.

이후 그는 25년 동안 파리 대학교 민족학 연구소 소장으로 지내면서 많은 저술을 발표하였다. 특히 구조주의 방법을 신화 분석에 적용하여 1964년부터 4권의 『신화학』 시리즈를 출간하기 시작했다. 이것은 800여 개의 남북 아메리카 원주민들의 신화를 분석하여 신화에 감추어진 의미와 신화의 실체를 드러낸 것이다.

이외에 『인종과 역사』 『구조인류학』 『야생의 사고』 등을 발표하여 인류학과 신화학계 뿐만 아니라 사상계에 큰 영향을 끼쳤다.

2009년 101세를 일기로 사망하였다.

1970년 11월 28일

이탈리아 '붉은 여단' 창설

1970년 11월 28일, 폭력 혁명으로 이탈리아 정부를 붕괴시키는 것을 목적으로 하는 붉은 여단이 북이탈리아 토렌토에서 창설되었다. 이들은 창설과 동시에 테러를 시작하면서 세상에 모습을 드러냈다.

특히 붉은 여단의 존재감을 전 세계에 알린 것은 1978년 3월 이탈리아 수도 로마의 중심가에서 벌어진 알도 모로(Aldo Moro : 1916~1978) 전 총리의 납치 사건이었다. 이들은 출근 중이던 모로의 승용차를 습격하여 순식간에 경호원 5명을 사살하고 모로를 납치하였다.

모로 전 총리는 총리를 5차례 역임하고 북대서양 조약 기구NATO 이사회 의장을 지낸 이탈리아의 거물 정치인이었다.

붉은 여단은 모로 전 총리를 납치한 뒤 교도소에 수감된 동료 테러리스트 15명의 석방을 요구했다. 모로 전 총리에게 거의 매일 정부에 협상을 촉구하는 편지를 쓰도록 강요하기도 하였다.

그러나 이탈리아 정부는 아무런 반응이 없었다. 우파였던 모로 전 총리는 공산당과의 연정을 성사시키고 좌파 세력을 제도권 정치로 끌어들였기 때문에 좌 · 우파 모두로부터 의심을 받던 상황이었다.

결국 모로는 납치된 지 55일 만인 5월 9일 가슴에 11발의 총탄을 맞은 채 싸늘한 시신으로 발견됐다.

이후 붉은 여단은 500명 이상의 테러 대원을 보유하면서 전성기를 구가했다. 하지만 이들은 1980년대 후반부터 지휘부의 붕괴와 이탈리아 당국의 대대적인 소탕 작전으로 인해 세력이 크게 약화되었다.

하지만 2012년 현재에도 방화 · 납치 · 요인 암살 등 테러 행위를 계속하고 있다.

* 1978년 3월 16일 '이탈리아 전 수상 알도 모로, 붉은 여단에 납치' 참조
* 1978년 5월 9일 '이탈리아의 전 수상 모로, 납치 55일 만에 피살체로 발견' 참조

1960년 11월 28일

아프리카의 모리타니, 프랑스로부터 독립

모리타니는 아프리카 북서부에 있으며 알제리, 세네갈과 국경을 맞대고 있다. 이슬람 세력이 집권하고 있을 때인 15세기에 노예 무역과 고무 무역으로 유럽에 알려졌다.

19세기에 프랑스가 해안 지대를 장악한 이후 영국과 대립하였으나, 1903년 해안 영토가 공식적으로 프랑스의 보호령이 되었다. 제2차 세계 대전 후인 1958년 프랑스 공동체 내의 자치 공화국이 되었다.

그리고 1960년 11월 28일에 프랑스 공동체에서 탈퇴하고 독립하였다.

11월 29일

1835년 11월 29일

중국 청나라 서태후가 태어나다

변법은 내가 평소에 바라던 것입니다. 동치 초기에 증국번의 의견
을 받아들여 서양에 유학생들을 파견하여 부국강병을 시도하였습
니다. (……) 진실로 부국강병을 이룩할 수만 있다면 황제가 그것
을 추진하더라도 나는 간섭하지 않겠습니다.

-비행간, 『자희전신록慈禧傳信錄』

서태후(西太后 : 1835~1908)는 1835년 11월 29일 만주 귀족 가정에서 태어나 17세에 청나라 제9대 황제인 함풍제(咸豊帝 : 1831~1861)의 후궁으로 황궁에 들어갔다.

황제의 눈에 들어 1856년에 아들 재순을 낳았고, 1861년에 함풍제가 죽어 재순이 10대 황제 동치제(同治帝 : 1856~1874)에 오르자 섭정하였다. 서태후라는 이름은 함풍제의 황후인 자안태후가 자금성 동쪽에 살았기에 동태후, 황비인 자희태후가 서쪽에 살았기에 서태후라고 부른 것에서 나왔다.

1875년에 동치제가 죽자, 어린 조카를 양자로 삼아 광서제(光緖帝 : 1871~1908)를 세웠다. 서태후는 계속 섭정하였으며, 황제의 친정이 시작된 이후에도 실권은 서태후가 쥐고 있었다.

1894년부터 1895년까지 벌어진 청일 전쟁에서 청나라가 일본에게 패배한 후 광서제는 서태후에게 변법變法을 실시할 것이라고 말했고 서태후는 이것을 받아들였다.

무술년(1898)에 시행된 무술변법(戊戌變法 : 변법 자강 운동)은 외세 침략으로 망해 가는 청나라를 일으킬 수 있는 마지막 기회였다. 광서제는 캉유웨이(康有爲 : 1858~1927) · 량치차오(梁啓超 : 1873~1929) 등 개혁을 주장하는 사대부를 중심으로 개혁을 실시하였다.

이들은 신법新法과 신제도新制度를 발표하였는데, 불필요한 관제 정리, 화폐 통일, 과거제도 개혁, 서학의 도입, 서양식 군사제도 도입 등에 관한 것이었다. 즉 영국이나 프랑스 같은 유럽을 모방한 개혁을 통해 일본의 메이지유신明治維新 같은 중흥을 꾀하고자 하였다.

하지만 무술변법은 제대로 시행되지 못하고 100여 일 만에 끝나고 말았다. 황제를 제외하곤, 개혁을 지지하는 뚜렷한 세력이 없었고, 불안

해 하는 핵심적인 지배계층들과 전국에 있는 보수 세력들을 끌어안지 못한 탓이었다.

또한 변법파들은 병권兵權을 장악하지 못하였으며 전통적인 절차를 무시하고 황제의 지지만으로 개혁 정책을 발표하였다. 특히 과거제도를 개혁하면서 시험과목을 변경하여, 이를 준비하던 많은 유생들의 거센 반발을 샀다.

더군다나 개혁은 청나라의 실권을 잡고 있던 서태후의 권력을 위협하는 것이었다. 실제로 변법파는 서태후를 타도하기 위한 계획을 수립하고 있었다. 이에 보수 세력들은 서태후를 찾아가 변법파를 제거할 방법을 찾았다.

광서제는 이러한 움직임을 변법파들에게 알려 주고 대비할 것을 주문하였으나, 변법파가 믿던 위안스카이(袁世凱 : 1859~1916)가 배신하여 서태후에게 밀고하였다. 서태후는 군사를 동원하여 변법파를 체포하고 9월 21일에 광서제를 궁에 유폐시키는 무술정변戊戌政變을 일으켰다.

서태후는 황제 대신 다시 섭정을 시행하였다. 그러나 1900년 8월에 반反외세를 주장하는 의화단 운동을 지원하다가 8개국 연합군의 침입을 받아 시안西安으로 피신해야만 했다. 또한 1902년에는 개혁적인 조치를 발표했으나 성과를 거두지 못했다.

결국 서태후는 혼돈스런 청나라에 많은 문제만 남겨둔 채 광서제가 죽은 다음 날인 1908년 11월 15일 사망하였다.

* 1898년 6월 11일 '청 황제 광서제, 무술변법을 발표하다' 참조
* 1900년 6월 21일 '청나라 서태후, 의화단 운동을 계기로 서양 제국에 선

전포고를 하다' 참조

* 1900년 8월 14일 '미국 · 영국 등 8개국 연합군, 중국 의화단의 난을 진압
  하다' 참조

1948년 11월 29일

유고슬라비아 티토 수상,
공산주의 독자 노선 선언

제1차 대전의 전승국들은 슬로베니아와 크로아티아 등 오스트리아-
헝가리 제국의 지배를 받고 있었던 지역 두 개를 세르비아에 합병시켰
다. 세르비아가 독자적으로 강해지는 것을 두려워했기 때문이다. 이로써
세르비아는 세르비아-크로아티아-슬로베니아 왕국이 되었다. 그 후 몬
테네그로와 마케도니아까지 합쳐져 1929년에는 유고슬라비아 왕국이
탄생하였다.

하지만 유고슬라비아는 서로 다른 민족성과 이념 때문에 분쟁의 가
능성이 컸다. 이를 틈타 공산당 세력들이 점차 힘을 키우자 유고슬라비
아 왕국의 국왕이었던 알렉산다르 1세(Aleksandar I : 1888~1934)는 공
산당과 사회주의 세력들의 정치 활동을 금지시켰다. 또한 국회를 해산
하고 동시에 왕이 독재하는 전제군주제 국가로 바꿔 유고의 혼란을 단
속하려 했다.

하지만 1934년 알렉산다르 국왕이 프랑스 방문 중에 암살당하였다.
그리고 얼마 지나지 않아 제2차 세계 대전이 발발하여 유고는 나치 독
일군에 의해 무력으로 점령당했다. 이때 인민 해방군 등 강력한 무장

게릴라들을 이끌고 나치 독일군에 대한 무장 투쟁을 개시한 사람이 요시프 티토(Josip Broz Tito : 1892~1980)였다. 티토가 이끄는 인민 해방군은 소련의 지원을 받아 빠르게 세를 불려나갔다. 1944년 10월에는 수도 베오그라드를 탈환하고 이듬해에는 유고 전 국토를 장악하였다.

결국 1945년에 인민 해방군의 지도자였던 티토를 수상으로 한 유고슬라비아 사회주의 연방공화국이 성립되었다. 하지만 유고와 소련은 서로 간의 노선 차이로 관계가 나빠졌다. 결국 1948년 소련의 이오시프 스탈린(Iosif Vissarionovich Stalin : 1879~ 1953)은 유고의 코민포름 회원국 자격을 박탈시켜 유고를 사실상 코민포름에서 추방시켰다.

이에 티토는 1948년 11월 29일 독자적인 공산주의 노선을 걷겠다고 선언하였다. 즉 자본주의 미국과 공산주의 소련으로 대표되는 국제 정세 속에서 중립을 표방하며, 외교적으로 비동맹 국가들과 제3세계 국가들과 밀접한 관계를 맺겠다는 것이었다. 소련은 1955년 6월 2일에 유고와 베오그라드 선언을 체결하여 유고의 독자 노선을 인정하였다.

이후 티토는 강력한 국가 통치력으로 유고를 안정적으로 다스려 비교적 평화롭고 안정적인 국가로 동유럽에서 가장 잘사는 나라로 번영을 누렸다. 그러나 1980년 5월 유고슬라비아를 안정적으로 통치하던 독재자 티토가 80세의 일기로 사망하면서 민족과 지역 간 갈등이 터져나왔다.

이후 결국 6개의 공화국과 2개의 자치주로 나눠진 유고슬라비아는 2012년 현재 슬로베니아·크로아티아·마케도니아·보스니아·몬테네그로·세르비아·코소보의 7개 독립국으로 나뉘었다.

*** 1955년 6월 2일 '유고와 소련, 베오그라드 선언을 체결하다' 참조**

1947년 11월 29일

UN 총회, 팔레스타인 분할안 채택

제2차 세계 대전 종료 후인 1947년 팔레스타인 문제 해결을 위하여 국제연합UN은 팔레스타인을 유대인 지역과 아랍인 지역으로 반반씩 나누는 팔레스타인 분할안을 제안하였다.

앞서 이 지역을 통치하고 있던 영국은 제1차 세계 대전 당시 오스만 제국과의 싸움을 승리로 이끌기 위해 유대인과 아랍인 양쪽 모두에게 도움을 요청한 바 있었다. 유대인들에게는 '밸푸어 선언'으로 지지를 끌어냈고, 아랍인들에게는 오스만 제국으로부터의 독립을 돕겠다며 지원을 유도한 것이다.

하지만 전쟁이 끝난 뒤 유대인들이 속속 팔레스타인으로 밀려오자 아랍인들과의 갈등이 점차 커졌다. 이에 영국은 유대인들의 이주를 제한하려고 시도하였지만 유대인과 아랍인 모두 수긍하지 않았다. 게다가 팔레스타인 주둔 영국군에게 테러가 발생하기까지 했다.

전후 재건 문제만으로도 복잡했던 영국은 결국 이 문제를 UN에 상정했다. 그리고 1947년 11월 29일 UN은 찬성 33, 반대 13, 기권 10으로 팔레스타인 분할안을 채택했다.

이 분할안에 대해 유대인들은 환영했지만 아랍인들, 특히 팔레스타인인인들은 분노했다. 유대인에게 유리하게 분할이 되어 있기 때문이었다. 곡창지대의 80%, 아랍인 공장의 40%가 유대인에게 배정되어 있었다. 결국 이스라엘은 건국되었고, 팔레스타인인인들은 난민이 되었다.

그리고 이에 반발한 팔레스타인 및 주변 아랍 6개국과 이스라엘 사이에 제1차 중동 전쟁이 일어났다.

* 1948년 5월 14일 '유대 민족의 국가 이스라엘이 세워지다' 참조
* 1948년 5월 15일 '이스라엘과 아랍 간의 제1차 중동 전쟁이 시작되다'
  참조

1989년 11월 29일

루마니아의 체조 요정 코마네치 헝가리로 망명

'코마네치는 탄력이 충만한 바비 인형이다.'

-「뉴욕타임스」

나디아 코마네치(Nadia Elena Comâneci : 1961~)는 1976년 몬트리올 올림픽에서 14세의 어린 나이로 환상적인 연기를 펼쳐 세계 체조사에 혁명을 일으켰다.

그녀는 무려 일곱 차례나 10점 만점 연기를 펼치며 개인종합 · 평균대 · 이단평행봉 등 세 종목에서 금메달을 따냈다. 이 때문에 그녀는 루마니아에서 '사회주의 영웅'이란 칭호를 받았다.

이후에도 코마네치는 세 차례에 걸쳐 세계선수권을 제패하고 1980년 모스크바 올림픽에서 금메달 두 개를 추가했다. 그리고 1984년 부쿠레슈티 광장에서 화려한 은퇴식을 치르며 팬들과 이별하였다.

하지만 1989년 11월 29일 코마네치는 "자유를 찾아 부와 명예를 버렸다."는 말을 남기고 헝가리로 망명하였다. 이후 한 달여 만에 미국으

로 긴니가는 데 성공하였다.

2012년 8월에는 런던 올림픽 성화 봉송에 침여하였고 현재에도 미국 오클라호마에서 체조 아카데미를 운영하고 있는 등 왕성한 활동을 하고 있다.

　* 1948년 11월 29일 '유고슬라비아 티토 수상, 공간주의 독자 노선 선언'

　　참조

11월 30일

1835년 11월 30일

미국 소설가 마크 트웨인이 태어나다

이 이야기에서 어떤 동기를 찾으려고 하는 사람은 기소할 것이다.
이 이야기에서 어떤 교훈을 찾으려고 하는 사람은 추방할 것이다.
이 이야기에서 어떤 플롯을 찾으려고 하는 사람은 총살할 것이다.

-마크 트웨인, 『허클베리 핀의 모험』

마크 트웨인(Mark Twain : 1835~1910)은 1835년 11월 30일 미국 미주리 주의 개척민 집안에서 태어나 미시시피 강 근처의 작은 마을에서 어린 시절을 보냈다. 본명은 사무엘 랭그혼 클레멘스Samuel Langhorne Clemens이다. 12세 때 아버지를 여의어 학교 교육을 제대로 받지 못하고 자랐다.

14세부터 인쇄소에서 일했고 신문사를 하는 형의 일을 도와주면서 남서부의 여러 곳을 떠돌아다녔다. 그러다 22세 무렵, 뉴올리언스로 가던 중에 미시시피 강에서 배를 운전하는 법을 가르쳐 주겠다는 빅스비의 '꼬임'에 넘어가 수로 안내인이 되었다.

그는 이때를 가장 행복했던 시절이라고 했고, 미시시피 강에서의 추억은 소설 속에서 생명력 있게 살아나고 있다. 이름을 클레멘스에서 두 길 깊이의 배가 겨우 다닐 수 있는 강을 의미하는 마크 트웨인으로 바꾼 것도 수로 안내인 시절의 추억 때문이다.

마크 트웨인이 소설을 쓸 무렵 미국은 유머 있는 작품들이 유행하던 시기였다. 그는 32세가 되던 1867년에 「캘리베러스의 명물 뛰어오르는 개구리」를 발표하여 인기를 얻었다. 열애 끝에 1870년에 올리비어와 결혼하여 행복한 가정을 꾸렸다.

1876년에는 『톰소여의 모험』을, 1884년에는 『허클베리 핀의 모험』을 발표하여 대중적인 소설가로 많은 인기를 받았다. 유머와 문명에 오염되지 않은 순수한 인간미를 보여 주는 이 작품들은 토속적이면서 현실적인 미국의 정서를 반영하고 있다.

특히 『허클베리 핀의 모험』은 성인 독자층을 대상으로 삼고 있으며 사회풍자적인 요소와 문명과 자연 상태의 갈등을 표현하고 있다. 미국 작가 어니스트 헤밍웨이(Ernest Miller Hemingway : 1899~1961)는 『허클베리 핀의 모험』에 대해 다음과 같이 호평하였다.

"현대 미국 문학이 이 책 한 권에서 비롯되었다."

하지만 마크 트웨인은 말년에 가족과 재산을 잃고 삶에 대해 힘들어
하였다. 그래서 쓴 작품이 『인간이란 무엇인가』(1906), 『괴상한 타관 사
람』(1916) 등이다.

1910년에 74세를 일기로 사망하였다.

1966년 11월 30일

카리브 해의 섬나라 바베이도스 독립

바베이도스는 북아메리카 동부 카리브 해에 있는 인구 26만 명의 섬나
라로, 미국 마이애미에서 약 2,500km 떨어진 남동쪽에 위치하고 있다.

원래 인디언들이 살고 있었으나, 영국인들이 17세기 무렵 정착하면
서 영국식 의회를 성립시켰다. 사탕수수 재배를 위해 아프리카의 흑인
노예가 들어왔으며, 노예제는 1823년에 폐기되었다.

바베이도스는 카리브 해의 작은 영국으로 불리며 백인들의 지배가
이어졌다. 하지만 경제 불황과 흑인들의 봉기로 1951년에 보통선거제
가 도입되었고, 1966년 11월 30일 영국령에서 독립하였다.

11월의 모든 역사_세계사

초판 1쇄 인쇄 2012년 11월 1일
초판 1쇄 발행 2012년 11월 5일

지은이 이종하

펴낸이 김연홍
펴낸곳 디오네

출판등록 2004년 3월 18일 제313-2004-00071호
주소 121-865 서울시 마포구 연남동 224-57
전화 02-334-7147   **팩스** 02-334-2068
주문처 아라크네 02-334-3887

ISBN 978-89-98241-03-2 03900

※ 잘못된 책은 바꾸어 드립니다.
※ 값은 뒤표지에 있습니다.